L'ATHÉISME DIFFICILE

DU MÊME AUTEUR
À LA MÊME LIBRAIRIE

BIBLIOTHÈQUE DES TEXTES PHILOSOPHIQUES
Fondateur : H. GOUHIER   Directeur : J.-F. COURTINE

Étienne GILSON

L'ATHÉISME DIFFICILE

Préface de

Henri GOUHIER
de l'Académie française

Présentation de

Thierry-Dominique HUMBRECHT O. P.

PARIS
LIBRAIRIE PHILOSOPHIQUE J. VRIN
6 place de la Sorbonne, V ^{e}
2014

GILSON ET L'ATHÉISME

La préface d'Henri Gouhier à *L'athéisme difficile*, présente dans l'édition de 1979, n'a rien perdu de sa pertinence. Gouhier est l'un des disciples de Gilson, qu'il appelle son « maître », son premier doctorant lorsque Gilson devient professeur à la Sorbonne[1]. Né à Auxerre en 1898, mort à Paris en 1994, Gouhier hérite de son aîné l'enracinement dans une même géographie terrienne et le goût d'une longue vie. Étienne Gilson (1884-1978), quoique parisien, ne reniait pas ses ascendances bourguignonnes et fut enterré près d'Auxerre[2]. Gouhier est normalien, agrégé de philosophie, diplômé de l'École Pratique des Hautes Études, docteur ès-lettres, professeur à la Sorbonne, membre de l'Académie des Sciences morales et politiques ainsi que de l'Académie

---

1. *Henri Gouhier se souvient... Ou comment on devient historien des idées*, G. Belgioioso et M.-L. Gouhier (éd.), Paris, Vrin, 2005, p. 52 : « Étienne Gilson était mon maître ». Il est son maître, avec en premier Bergson, p. 69 *sq. Cf.* le dernier ouvrage de Henri Gouhier, son ultime hommage : *Étienne Gilson, trois essais : Bergson, la philosophie chrétienne, l'art*, Paris, Vrin, 1993.

2. *Henri Gouhier se souvient...*, *op. cit.*, p. 37, 142.

française. Invité par Gilson à étudier la période alors
méconnue entre saint Thomas et Descartes [1], il s'éloigne néanmoins du médiévisme au profit de la philosophie moderne
(notamment Descartes, Pascal, Malebranche, Comte, sans
oublier des essais sur le théâtre).

Le discours de réception de Gouhier au fauteuil de Gilson à
l'Académie française, avec éloge obligé de son prédécesseur,
peut toujours servir d'introduction à la vie et à l'œuvre de
celui-ci. On en apprend de surcroît sur les connaissances de
Gilson en matière de vins et de fromages [2]. La réponse à ce
discours de Henri Gouhier par Jean Guitton n'est pas moins
savoureuse, qui oppose Gilson et Gouhier comme le lion et
l'agneau [3].

1. Lettre de Gilson à Gouhier du 7 novembre 1920 : « Si vous me permettez
un conseil, je vous engagerai à revoir l'histoire de la philosophie médiévale,
afin de combler l'entre-deux entre Descartes et saint Thomas. Puis vous revien-
drez à Descartes ; et vous sentirez mieux alors combien il est éloigné du Moyen
Âge sur ce point ; au moins du thomisme. Malebranche, au contraire, est à
sa manière un scolastique », dans *Lettres d'Étienne Gilson à Henri Gouhier,
choisies et présentées par Géry Prouvost, Revue thomiste* 94 (1994), p. 460-
478, citation de la p. 462.

2. H. Gouhier, « Discours de réception », Académie française, 22 novembre 1979, *Le Monde*, 23 novembre 1979.

3. Guitton commence par Gilson : « C'est bien en forme de lion que Gilson
m'apparut, secouant sa crinière, affirmatif et même dogmatique, truculent,
plantureux, débordant de vie et de certitude, jouissant de ses paradoxes ». Et
Guitton d'admirer, chez lui « une férocité courtoise, un bon sens à la Diogène,
la joie de contredire, le désir d'être seul, même parmi nous, à penser ce qu'il
pensait. Sur ce point Gilson était le moins thomiste des disciples de saint
Thomas, s'il est vrai que le génie de saint Thomas fut de concilier ». Quant à
Gouhier : « Et vous, discret, réservé, courtois, aimant à persuader et ne contre-
disant presque jamais. Il m'est arrivé de faire passer des thèses en Sorbonne
avec vous et de vous entendre ensevelir sous des éloges un travail que vous

Quant aux circonstances de la rédaction de *L'athéisme difficile*, la biographie de Shook en 1984 n'ajoute rien à la préface de Gouhier, pas plus que celle de Murphy en 2004[1].

Étienne Gilson s'est-il beaucoup exprimé sur l'athéisme ? Par intermittences. Outre cet ouvrage, voulu par lui avec ce titre, sept moments principaux se dégagent, avant cet ultime témoignage de 1967-70 (mais de publication en partie posthume, comme l'explique la préface de Gouhier).

Le premier est une querelle avec Léon Brunschvicg, en 1928[2]; le deuxième, son expérience et son analyse du communisme russe, en 1922 et 1934; le troisième, une conférence

m'aviez dit être médiocre. Inversement, je vous entendais chercher des poux dans la fourrure d'un bel angora. Votre nature tranquille comme le miroir d'un lac rétablissait l'égalité entre les personnes, comme vous le faites dans vos livres entre les génies. Peut-être avez-vous un fond d'indifférence ? ». Enfin, l'un et l'autre : « Je tiens que, pour définir un esprit, il faut dévoiler sa manière de souffrir et sa manière de sourire. L'ironie, cette distance légère que les Grecs nous ont appris à mettre entre l'esprit et son objet, chez Gilson elle était soudaine comme l'éclair, parfois mélangée d'amertume. Votre ironie est douce, effacée, à peine sensible. Votre style n'est jamais amusant; souvent il est amusé. Dans l'adversité, Gilson faisait penser à Jacob luttant avec l'ange ; et vous plutôt à Isaac qui n'osait questionner Abraham et portait avec douceur le poids du sacrifice », Jean Guitton, « Réponse à Henri Gouhier », Académie française, 22 novembre 1979, *Le Monde*, 23 novembre 1979. Ces deux discours (Gouhier et Guitton) sont désormais disponibles sur le site de l'Académie Française, de même d'ailleurs que celui de la réception d'Étienne Gilson et la réponse de Louis-Pasteur Vallery-Radot, le 29 mai 1947.

1. Laurence K. Shook, *Étienne Gilson*, Toronto, Pontifical Institute of Mediaeval studies, 1984, p. 378 ; Francesca Aran Murphy, *Art and Intellect in the Philosophy of Étienne Gilson*, Columbia and London, University of Missouri Press, 2004 (qui n'en parle pas).

2. Léon Brunschvicg, *De la vraie et de la fausse conversion, suivi de la querelle de l'athéisme*, Paris, P.U.F., 1951, p. 207-264.

donnée aux Intellectuels catholiques, en 1948[1] ; le troisième est une présentation de Sartre dans quelques pages de *L'être et l'essence*[2] ; le quatrième, l'analyse d'Auguste Comte et de Marx dans les *Métamorphoses de la cité de Dieu*, en 1952[3] ; le cinquième, une intervention sur la possibilité de l'athéisme, dans un colloque italien de 1962[4] ; le sixième appartient à la vogue de l'athéisme caractéristique des années 1960, en particulier dans la version marxiste des intellectuels français que l'on n'appelle pas encore médiatiques.

De ces interventions de Gilson sur l'athéisme, peut-on dégager quelques idées directrices ?

LA QUERELLE DE L'ATHÉISME

Léon Brunschvicg (1869-1944) est l'un des caciques de la Sorbonne du début du vingtième siècle, représentant de l'idéalisme à la française, toujours connu des lycéens pour son édition des *Pensées* de Pascal, laquelle survit aux éditions meilleures parues depuis. Si Gilson ne dissimule en rien son

---

1. Étienne Gilson, « Les intellectuels et la paix », dans *Les intellectuels devant la Charité du Christ*, Semaine des Intellectuels catholiques (11-18 juillet 1948), Paris, Éditions de Flore, 1949, p. 218-229.

2. É. Gilson, *L'être et l'essence*, Paris, Vrin, 1948[1], mais le passage sur Sartre relève de la seconde édition, 1962[2], « Appendice II », p. 358-364, avec, ensuite, l'analyse devenue célèbre de la pensée de l'être chez Heidegger (p. 365-378).

3. É. Gilson, *Les métamorphoses de la cité de Dieu* (1952), Paris, Vrin, 2005[2].

4. É. Gilson, « La possibilité de l'athéisme », *Il problema dell'ateismo*, Atti del XVI Convegno del Centro di Studi Filosofici tra Professori Universitari, Gallarate, Brescia, Morcelliana, 1962, p. 39-42.

admiration pour Durkheim ou Lévy-Bruhl, et surtout pour Bergson[1], il se montre critique envers Brunschvicg.

Dans *Le philosophe et la théologie*, Gilson écrit : « La philosophie de Léon Brunschvicg est une répudiation constante du judaïsme qu'il a pourchassé jusque dans le christianisme même. De là le spinozisme sans substance que fut sa philosophie (…). Avec les années, Léon Brunschvicg parlait de plus en une langue théologique, distinguant la vraie de la fausse conversion, qui était celle des autres. On était parfois un peu décontenancé de se voir taxé d'athéisme, simplement pour croire à l'existence de Dieu, par lui qui n'y croyait pas. C'est que, dans ses propres vues, concevoir Dieu comme quelqu'un revenait à le concevoir comme quelque chose, ce qui est proprement le nier »[2]. Ce texte est une allusion implicite à un débat qui avait eu lieu trente-deux ans plus tôt, à la Société française de Philosophie, au cours de la séance du 24

---

1. É. Gilson, *Le philosophe et la théologie*, Paris, Fayard, 1960[1], 2005[2] (pagination selon cette seconde édition) « VI – Le cas Bergson », p. 99-121, et « VIII – La revanche de Bergson », p. 157-178, dont : « [Le bergsonisme] n'avait pas en lui-même de quoi s'élever au Dieu chrétien, mais lorsque les pressentiments de vérité qu'il apportait se sont rencontrés dans les esprits chrétiens avec la philosophie chrétienne, ils l'ont en quelque sorte remontée du dedans, comme aspirés par la seule force qui pût les porter à leur perfection (…). Bergson ne nous a pas convertis au bergsonisme, il ne nous a pas non plus convertis au thomisme, il ne nous a pas davantage induits à bergsonifier saint Thomas, mais en nous désintoxiquant l'esprit des suites d'un excès d'abstraction, il nous a permis d'entendre, dans la pensée de saint Thomas, certaines vérités essentielles de la philosophie chrétienne dont les analogies harmoniques nous avaient séduits dans la sienne. La philosophie de Bergson nous a facilité l'accès du Dieu authentique de saint Thomas d'Aquin » (p. 155).

2. É. Gilson, *Le philosophe et la théologie*, *op. cit.*, p. 30-31.

mars 1928, et qui avait repris l'expression consacrée de
« Querelle de l'athéisme ».

La discussion réunissait autour de Brunschvicg et sur ses
œuvres quelques noms de l'Université : Xavier Léon, Édouard
Le Roy, Gabriel Marcel, sans compter une communication de
Maurice Blondel et les charges de Gilson. Le point de départ de
la querelle est la distinction que Brunschvicg emprunte à
Pascal entre le Dieu d'Abraham, d'Isaac et de Jacob, et celui
des philosophes et des savants, pour l'interpréter dans un sens
que Gilson entend et conteste de la façon suivante : « En lisant
la communication de M. Brunschvicg, on éprouve l'impres-
sion que le Dieu d'Abraham y est confondu avec le Dieu du
sens commun, fabricant imaginaire du monde, et, en somme,
avec un Dieu infraphilosophique. Peut-être n'est-il pas superflu de signaler que le Dieu d'Abraham dont parle le *Mémorial*
est le Dieu des mystiques, donc un Dieu supraphilosophi-
que » [1]. « Avant de [vaincre la métaphysique traditionnelle], il
faut la rencontrer ; M. Brunschvicg ne s'est battu que contre
son ombre » [2]. « En conclusion je ne crois donc pas qu'il y ait
de querelle de l'athéisme, mais dans la mesure où il y en aurait
une, il me semble que c'est plutôt M. Brunschvicg qui la
chercherait. Pour ma part, me demandant pourquoi il tient à
conserver ce mot *Dieu* puisqu'il le vide de tout contenu,
j'accepte d'être avec le vulgaire dont il se plaint d'encourir
le soupçon. Et j'ai une double surprise ; c'est, rejeté dans le
vulgaire, d'y être en si bonne compagnie, puisque je m'y
trouve avec Pascal, et c'est aussi, condamné avec lui et

1. L. Brunschvicg, *De la vraie et de la fausse conversion, suivi de la
querelle de l'athéisme, op. cit.*, communication de Gilson, p. 214.
    2. *Ibid.*, p. 216.

ses pareils pour athéisme, de n'apercevoir ni dans ma pensée ni dans la leur le vain fantôme de l'imagination que M. Brunschvicg prétend exorciser » [1].

On comprend, après cette tirade – et toute l'intervention de Gilson est du même métal – la portée de la remarque de Xavier Léon : « Brunschvicg avait déjà soulevé cette question capitale dans un article consacré au commentaire de Gilson sur le *Discours de la Méthode*. J'avais offert à Gilson d'y répondre, mais Gilson ne croit pas beaucoup à la vertu des discussions. Je le remercie d'autant plus d'avoir bien voulu venir à cette séance prendre, contre Brunschvicg, la défense du Dieu de ses aïeux » [2]. Henri Gouhier donne un autre éclairage sur le style disputatif de Gilson : « J'ai bien connu Étienne Gilson, qui avait une étonnante vitalité (…). Ce qui caractérisait Gilson était un grand sens de l'*autre*, qui se manifestait par la liberté avec laquelle il disait directement son désaccord avec son interlocuteur, sans précautions rhétoriques, en même temps qu'il n'en voulait nullement aux autres de leur désaccord avec lui et ne leur attribuait aucune infériorité ni supériorité quelconque » [3]. Dans son discours de réception à l'Académie, Gouhier dit : « Je supprime le morceau sur l'humour d'Étienne Gilson, ne retenant qu'une citation où, devant une invitation au "dialogue", "mot à la mode", il se déclare dépourvu "des vertus d'un bon dialoguiste, qui sont de ne pas écouter ce qu'on lui dit, ou de le prendre dans un sens qui le rende facile à réfuter" » [4].

1. *Ibid.*, p. 221.

2. *Ibid.*, préambule de X. Léon, p. 210-211.

3. *Henri Gouhier se souvient…*, *op. cit.*, p. 116.

4. H. Gouhier, « Discours de réception », cit. ; le « morceau » se trouve dans É. Gilson, *Les tribulations de Sophie*, Paris, Vrin, 1967, p. 103, avec la suite :

Le final de la communication de Gilson est une profession de réalisme comme position philosophique, ce qui pour 1928 ne manque pas d'intérêt, alors que le Gilson de cette époque semble encore se présenter surtout comme historien[1]. Une telle position annonce deux débats prochains : celui sur la « philosophie chrétienne », en 1931, aux côtés de Jacques Maritain et contre ce même Brunschvicg et Émile Bréhier[2], et

---

« Être deux à procéder autrement est une espérance chimérique. Je ne suis donc pas surpris que les seuls bons dialogues philosophiques connus soient ceux du type platonicien, qui sont des dialogues à une voix, où le même fait les questions et les réponses ».

1. L. Brunschvicg, *La querelle de l'athéisme, op. cit.*, p. 231. « J'ai présenté ces remarques en toute liberté, et M. Brunschvicg sait avec quels sentiments de reconnaissance et d'affection pour lui, à qui nous devons tant. Avec Henri Bergson, il a été pour nous la philosophie vue autrement qu'à travers l'histoire ou morcelée en disciplines particulières ; nous leur devons vraiment l'introduction à la vie de l'esprit. Mais l'esprit souffle où il veut ; il est liberté ; c'est à nous de le suivre. L'idéalisme de M. Brunschvicg était une conquête sur un certain dogmatisme qui déguise l'imagination en raison ; le dogmatisme, dont pour ma part, je revendique les droits, est essentiellement un réalisme. Réalisme purement empirique et psychologique d'abord, qui a cru pendant plusieurs années que l'on pourrait trouver dans l'analyse des structures mentales et de leur perfection objective un fondement suffisant des jugements de valeur dans l'ordre esthétique, moral, métaphysique et même religieux. Réalisme dogmatique depuis, qui s'est rendu compte que le critère des valeurs et la norme des structures chez un être raisonnable ne peut pas exclure la raison et l'idée, puisque c'est en elles que le réel apparaît ; que l'idée ne dispense pas du réel, puisqu'elle lui emprunte son contenu, et que le dogmatisme, enfin, n'exclut pas la critique, puisqu'il lui reproche au contraire, d'avoir oublié de se critiquer ».

2. *Bulletin de la société française de philosophie* (1931), séance du 21 mars 1931, p. 59-72. Dossier rapporté par T.-D. Humbrecht, « Étienne Gilson (1884-1978) et la philosophie chrétienne » dans É. Gilson, *Introduction à la philosophie chrétienne*, Paris, Vrin (1960[1]), 2011[3], p. 7-26.

celui sur le « réalisme critique », peu après, avec l'École de Louvain[1].

En outre, Gilson conclut un autre de ses livres ainsi : « Celui qui est le Dieu des philosophes est CELUI QUI EST, le Dieu d'Abraham, d'Isaac et de Jacob »[2], identification qu'il expose dans plusieurs de ses ouvrages, cheval de bataille gilsonien qui peut apparaître aussi comme un écho à ce débat avec Brunschvicg.

L'EXPÉRIENCE DU COMMUNISME RUSSE

Du 15 août au 15 septembre 1922, envoyé en mission par la Croix-Rouge, et du fait qu'il parle russe depuis sa captivité de 1916-18, Gilson visite diverses villes de l'Ukraine et de la Volga pour rendre compte de la famine qui touche les populations et en particulier les enfants, du fait de la Grande Guerre, de la guerre civile, des Soviets et des débuts de la

---

1. É. Gilson, *Le réalisme méthodique*, Paris, Téqui, 1935[1], 2007[2], particulièrement le chap. V, « Vade mecum du débutant réaliste », p. 105-119 (sur la confrontation entre l'idéaliste et le réaliste) ; *id.*, *Réalisme thomiste et critique de la connaissance*, Paris, Vrin, 1939[1], 2012[3].

2. É. Gilson, *Dieu et la philosophie* (*God and Philosophy*, 1941), trad. fr., Fontgombault, Petrus a Stella, 2013, p. 121. Cf. *L'esprit de la philosophie médiévale*, Paris, Vrin, 1932, p. 50 *sq* ; *Introduction à la philosophie chrétienne*, chap. V : « Celui qui Est », *op. cit.*, p. 59-69 ; *Elements of Christian philosophy*, New York, Doubleday & Co, 1960, p. 124-133 ; et le chapitre célèbre I, III, 1 : « Haec sublimis veritas », *Le thomisme*, 6e éd., Paris, Vrin, 1965, p. 99-112.

collectivisation[1]. Son rapport ne parle ni de philosophie ni
d'athéisme, il décrit les choses vues, la misère universelle, les
enfants morts et ceux qui errent le long des voies ferrées à la
recherche de détritus jetés par les voyageurs, avec quelques
résolutions à prendre pour secourir ce qui peut l'être[2].

En revanche, en 1934, il revient sur cet épisode dans
Sept, périodique catholique de courte durée (1934-37), auquel
il collabore les deux premières années[3]. Dans un article, il
évoque un spectacle qui l'a marqué, douze ans auparavant :

> Je ne parle pas de la Russie communiste par ouï-dire. J'y suis
> allé ; je l'ai vue. Et je n'y suis pas allé comme un de ces
> moutons officiels à qui l'on ne montre que ce qu'on veut leur
> faire voir ; ou comme un de ces sourds-muets qui ne peuvent
> parler la langue du pays ni la comprendre. Je suis allé où
> j'ai voulu, et voici ce que j'ai vu. J'ai vu partout des écoles
> vides et des lycées fermés ; j'ai ramassé un enfant mort dans
> la classe d'une école déserte ; j'ai visité de ces fameuses
> Maisons d'enfants, que l'on nous peint comme le dernier mot

---

1. T.-D. Humbrecht, « Étienne Gilson et la politique », *Revue thomiste*
114 (2014/2), Actes du colloque Revue thomiste/ISTA « Saint Thomas et la
politique », Toulouse, 28-29 janvier 2013 ».
2. É. Gilson, « Enquête sur la situation actuelle des enfants en Ukraine et
dans les régions de la Volga, 15 août-15 septembre 1922 », texte dactylo-
graphié.
3. A. Coutrot, *Un courant de la pensée catholique. L'hebdomadaire*
« Sept » (mars 1934-août 1937), Paris, Cerf, 1961 ; M. Della Studa, « La
suppression de l'hebdomadaire dominicain Sept. Immixtion du Vatican dans
les affaires françaises (1936-1937) ? », *Vingtième siècle. Revue d'histoire*,
2009/4 n° 104, p. 29-44 ; P. Chenaux, *L'Église catholique et le communisme en*
Europe (1917-1989). De Lénine à Jean-Paul II, Paris, Cerf, 2009, p. 85-115 ;
F. Michel, *La pensée catholique en Amérique du Nord. Réseaux intellectuels et*
échanges culturels entre l'Europe, le *Canada et les États-Unis (années* 1920-
1960), Paris, DDB, 2010, p. 108-115.

de la pédagogie moderne : elles étaient pleines d'enfants affamés qui vivaient comme des chiens ; j'ai donné l'aumône, dans la rue, à un homme qui portait sur la poitrine cet écriteau : « Ayez pitié d'un professeur malade » ; j'ai acheté, au marché, du professeur de chimie organique d'une Grande Université, le savon qu'il fabriquait dans son laboratoire pour vivre ; j'ai assisté à la réunion des professeurs d'une autre Université, sous la surveillance de la police. Partout la misère, la faim, la dégradation intellectuelle et morale la plus affreuse. Nous ne voulons pas de cela [1].

Gilson retranche toutefois ce paragraphe dans l'édition en livre de ses articles, la même année, *Pour un Ordre catholique* [2]. Dans l'article original, le texte est entouré d'une analyse sans concessions du communisme (conservée dans le livre), qui fonde l'étatisme sur le matérialisme et celui-ci sur l'athéisme, trois négations de la liberté :

> Nous sommes à la croisée des chemins : ou rétablir un ordre véritable, ou une dictature, un communisme ou un fascisme.
> La voie la plus courte serait une dictature, si c'était une voie. Inutile de se dissimuler que le rêve communiste exerce un attrait puissant sur une grande partie de notre jeunesse. Avec cet idéal, celui des Soviets, il est trop clair qu'aucun catholique ne saurait pactiser. Nous pouvons nous corrompre en communistes, ou nous pouvons convertir des communistes, nous ne pouvons collaborer avec eux. Je le dis avec une

---

1. É. Gilson, « La croisée des chemins », *Sept*, 14 avril 1934, p. 2.
2. É. Gilson, *Pour un Ordre catholique*, Paris, DDB, 1934 [1] ; Paris, Parole et Silence, 2013 [2] (pagination double, correspondant aux deux éditions), p. 53-57/55/57.

conviction que je ne crois pas être celle du bourgeois, ignare et timide, dont se moquent volontiers les journaux du Parti.

[Emplacement du paragraphe coupé]

Le marxisme bolcheviste est une doctrine inhumaine, parce que son essence est de mettre la personne au service d'une classe, et de sacrifier les droits de l'individu à une conception matérialiste de l'État. Vous détestez l'exploitation de l'homme par le capital. Nous la détestons comme vous ; mais le remède n'est pas de substituer à cette exploitation une autre plus basse encore. Le bolchevisme serait-il en pleine prospérité, nous devrions toujours condamner un régime dont les premiers moyens d'action sont l'athéisme et la destruction radicale de la morale chrétienne. Allons-nous entrer en coquetterie avec le matérialisme marxiste, sous prétexte de mieux assurer les fins que nous prescrit l'Évangile ?

Cet avilissement systématique de l'homme est le fruit trop naturel de l'idée de l'homme qui préside au système. Pour qui ne reconnaît d'autre réalité que celle de la matière, il est clair que les valeurs dites spirituelles ne comptent pas. Ce n'est même plus de primauté du temporel, car le temporel a sa beauté et son ordre, c'est de primauté du matériel qu'il s'agit alors. Certes, l'image de Dieu est si ineffaçable de l'homme, que même cet idéal à rebours peut y éveiller l'enthousiasme et y susciter d'admirables dévouements. Et c'est bien là ce qui m'effraie. Ces dévouements sans bornes à la mauvaise cause, en l'absence de toute autre foi à laquelle se dévouer, ils ne cessent de se multiplier chez nous (…).

Le matérialisme et l'athéisme communistes sont la négation même du Christianisme, contre lequel ils mènent d'ailleurs une guerre inexpiable. Nul catholique n'hésitera là-dessus. Je voudrais être sûr que les Français qui ne sont pas chrétiens, mais qui tiennent encore à ces vieilles vertus, dites bourgeoises, et que l'on devrait appeler simplement humaines, comprendront eux aussi la portée de la leçon. S'il

ne restait que la bourgeoisie pour sauver ces vertus, elles
seraient bien malades ; mais si l'on veut encore les sauver, il
faut d'abord refuser toute compromission avec l'athéisme et
le matérialisme qui en ont juré la destruction [1].

En parallèle du débat d'idées, peut-être faudra-t-il se
souvenir que Gilson, à trente-huit ans, a vu l'athéisme en
Russie, avec son cortège de misère humaine. Quoiqu'il
n'en parle plus guère après cette reprise de 1934, comment
l'athéisme pourrait-il désormais lui être autre que difficile ?

LA CONFÉRENCE DE 1948

En ouverture de sa conférence, jouant à la machine à
remonter le temps, Gilson part de la mémoire des terreurs
supposées de l'An Mil vers 948, pour en faire l'application
en 1948 face aux terreurs possibles de l'An 2000 [2]. Si les ani-
maux monstrueux ou les hécatombes des temps anciens ne
pèsent plus rien en regard des horreurs du vingtième siècle,
entre guerres mondiales et machines volantes qui crachent
aussi bien le feu que les dragons de jadis, la même menace
semble planer à mille ans d'intervalle : celle de la venue de
l'Antéchrist.

L'Antéchrist de notre temps est l'*Ecce Homo* de
Nietzsche, « l'événement de loin le plus important des temps
modernes » [3], et « cette affreuse révélation que le Zarathoustra
de Frédéric Nietzsche nous apporte : "Ils ne savent pas encore

1. *Pour un Ordre catholique*, op. cit., p. 53-57/55-57.
2. É. Gilson, « Les intellectuels et la paix », art. cit., p. 219 *sq.*
3. *Ibid.*, p. 222.

que Dieu est mort…" »[1]. La mort de Dieu invite à recréer mais donc d'abord à détruire : « Tel est, me semble-t-il, le grand événement des temps modernes, la déclaration promulguée par l'homme qu'il n'y a pas de Dieu, la décision prise par l'homme de faire de notre temps celui de l'anéantissement préparatoire à la création d'un beau monde tout neuf fait par l'homme, pour l'homme même et à la mesure de sa grandeur. Créer un monde, mais pour pouvoir le créer, détruire d'abord celui-ci »[2]. La destruction devient le préalable obligé de la création. « Le néant comme point de départ, la gratuité comme idéal, voilà ce que l'on nous propose de tous côtés »[3].

Le remède est, selon Gilson, la Sagesse chrétienne[4], non point celle d'un Dieu abstrait, mais du Christ qui est la Sagesse, présent en lui-même, dans son Église et dans son Vicaire sur terre[5].

L'ATHÉISME DE SARTRE

Ce que Gilson dit de Sartre dans sa conférence de 1948 : « Un athéisme cohérent a comme conséquences nécessaires que, puisque je ne suis plus créé, puisque je ne reçois d'aucun dieu ni ordres ni lois, il faut que je me crée moi-même de rien et que je me donne moi-même ma propre loi »[6], il le développe la même année dans *L'être et l'essence*. « L'homme n'est pas

---

1. É. Gilson, « Les intellectuels et la paix », art. cit., p. 222.
2. *Ibid.*, p. 223.
3. *Ibid.*, p. 225.
4. *Ibid.*, p. 225.
5. *Ibid.*, p. 228-229.
6. *Ibid.*, p. 224-225.

une nature, mais uniquement une volonté »[1], ce qui apparaît normal, puisque Dieu et la nature ont « partie liée »[2]. Gilson réfère à Sartre, à Nietzsche et aussi à Feuerbach : « L'avènement de l'homme n'est qu'une autre expression pour signifier la mort de Dieu »[3]. Le caractère à la fois positif et agressif de cet athéisme-là vient du fait qu'il est une revendication de l'homme contre Dieu, et non l'oubli d'un Dieu comme objet caduc, idée qui se retrouve dans *L'athéisme difficile* : « À quel signe saura-t-on que Dieu est réellement mort ? Il le sera quand on aura fini d'en parler. Les morts sont vite oubliés » [p. 23].

Gilson, qui passe parfois pour un contempteur des essences, est ici le premier à stigmatiser le manque de définition de l'idée d'essence chez Sartre. Son remplacement par la subjectivité ne résout pas la question de savoir laquelle, de celle-ci ou bien de l'existence, précède l'autre[4].

COMTE DANS LES MÉTAMORPHOSES

Le cinquième moment où Gilson s'exprime sur l'athéisme est sa présentation d'Auguste Comte, en 1952 dans *Les métamorphoses de la cité de Dieu*[5]. « Plus de Dieu ni de théologie, donc plus de religion ni de société universelle : telle semblait devoir être la conclusion de Comte (…). Comte a

---

1. É. Gilson, *L'être et l'essence*, *op. cit.*, p. 358.
2. *Ibid.*, p. 359.
3. *Ibid.*, p. 359.
4. *Ibid.*, p. 362-364.
5. É. Gilson, *Les métamorphoses de la cité de Dieu*, *op. cit.*, p. 246 *sq.* ; *cf.* aussi *L'école des muses*, Paris, Vrin, 1951, chap. V, p. 141-176.

voulu poursuivre la fin sans les moyens. Voulant une société universelle sans Dieu, il en a conclu que le temps était venu d'instaurer une religion athée pour construire sur elle la société universelle de l'avenir » [1]. S'ensuit une présentation pénétrante des constituants de cette religion athée : dogme, pouvoir spirituel, sacerdoce, au bénéfice du « substitut de Dieu dans la religion positiviste ; l'Humanité » [2]. Avec aussi un jugement : « Il y a malgré tout un élément commun entre le positivisme de Comte et le matérialisme dialectique issu de Feuerbach ; c'est la rébellion de l'homme contre Dieu. Ce n'est pas un simple athéisme, mais un antithéisme » [3].

Or Comte importe au dessein de l'ouvrage, dans la mesure où il incarne en quelque sorte par excellence la dérive sécularisante que Gilson résume dans son dernier chapitre :

> S'il se dégage une leçon de l'histoire de la Cité de Dieu et des avatars qu'elle a subis au cours des siècles, c'est donc d'abord qu'elle n'est pas métamorphosable ; mais c'est aussi que toute tentative pour en usurper le titre et la fin porte malheur aux sociétés humaines qui prétendent la réaliser sur terre. Le trait commun à ces tentatives est de substituer au lien de la foi un lien humain, tel que la philosophie ou la science, dans l'espoir qu'il s'universalisera plus aisément que la foi et qu'on facilitera par là la naissance d'une société temporelle universelle. L'opération se solde régulièrement par un échec. Il importe de le savoir et de le dire en un temps où tant

---

1. *Les métamorphoses de la cité de Dieu*, *op. cit.*, p. 249.
2. *Ibid.*, p. 250-252. Avec mariage obligatoire des prêtres du « presbytère philosophique » (note 1, p. 253).
3. *Ibid.*, note 1, p. 254-255.

d'esprits généreux s'efforcent de donner un sens à des notions aussi importantes que celles d'Europe et d'Humanité [1].

Gilson avait déjà disserté sur Comte, Feuerbach et Marx en 1936 lors de ses leçons de Harvard (ces deux derniers au cours du chapitre intitulé : « The breakdown of modern philosophy »), mais sans s'étendre sur l'athéisme [2].

LA POSSIBILITÉ DE L'ATHÉISME

Pour ce sixième moment, en fait de conférence, il s'agit d'une courte communication au cours d'un colloque italien de 1962, une question que Gilson dit adresser, lui le laïc de l'Église enseignée, aux théologiens de l'Église enseignante. Gilson part du constat que l'athéisme contemporain puise ses forces dans le retard de nos représentations sur la vérité divine : « La notion de Dieu et de ses implications se trouve parfois présentée d'une manière telle que, pour une certaine catégorie d'esprits, elle devient difficilement acceptable » [3]. Il invite donc à une révision de « notre représentation de la notion de Dieu » et, cela, à trois niveaux : l'image populaire du monde, au sujet des représentations outrées « de l'enfer, du paradis terrestre, des limbes et du ciel », lorsque l'imagination prend le pas sur la vérité [4] ; la raison, pour hausser notre image du monde au niveau de la science actuelle et ne plus « retarder »,

1. *Ibid.*, p. 272.

2. É. Gilson, *The Unity of Philosophical experience*, New York, Charles Scribner's Sons, 1937[1] ; San Francisco, Ignatius Press, 1964[2], p. 199-217 (Comte) et p. 222-231 (Feuerbach et Marx).

3. É. Gilson, « La possibilité de l'athéisme », art. cit., p. 39.

4. *Ibid.*, p. 40.

au lieu qu'une physique adéquate est requise pour les voies de l'existence de Dieu[1]; enfin, l'intellect, pour éviter tout anthropomorphisme représentatif; Gilson plaide pour une utilisation de la voie négative, à la fois positive dans ses affirmations sur Dieu et attentive à la déficience du mode de la connaître, et s'appuie pour ce faire sur Thomas d'Aquin[2].

LE MARXISME PARISIEN

Sartre est le grand-prêtre de l'athéisme, mais son clergé est alors nombreux, surtout marxiste (Louis Althusser, Lucien Sève). Gilson part notamment en guerre contre l'un des représentants les plus en vue du marxisme, Roger Garaudy[3]. Ce choix de s'en prendre à un acteur de seconde zone serait curieux, si la moutarde ne montait au nez de Gilson à force d'imposture. Il voit en Garaudy, qui, alors, parle plus fort que d'autres, le symptôme d'une époque en décomposition, celle qui préfère la confusion, en l'occurrence le prétendu dialogue entre chrétiens et marxistes. «Dans les cas de ce genre, le communiste absorbe le théologien avec la plus grande facilité et s'en nourrit avec profit. Il ne nous reste que le ridicule de l'aventure (...). C'est alors qu'on voit l'athéisme marxiste s'approvisionner en armes chez le théologien catholique et il devient en effet possible qu'une conversion se produise, mais à

1. *Ibid.*
2. É. Gilson, « La possibilité de l'athéisme », art. cit., p. 40-42.
3. É. Gilson, *Les tribulations de Sophie, op. cit.*, p. 103-135. R. Garaudy (1913-2012), agrégé de philosophie, fut tour à tour protestant, communiste, catholique, musulman, puis négationniste ; on peut citer de lui *Dieu est mort*, Paris, P.U.F., 1970 (interprétation marxiste de la religion chez Hegel).

l'envers »[1]. Le 29 décembre 1966, Gilson écrit à Maritain : « Et penser qu'on voit sur les journaux le Rév. Père Garaudy O.M. [*Ordo Marxistorum*, de l'Ordre des Marxistes, plaisanterie récurrente chez Gilson] en conversation avec des professeurs catholiques prêtres ou/et jésuites, au cours de congrès où l'on cherche à concilier l'athéisme et la foi de l'Église. Si le monde était devenu fou, il pourrait guérir, mais il n'est que bête, et la bêtise est incurable »[2].

L'athéisme comme phénomène de masse dans les pays chrétiens préoccupe les esprits depuis l'après-guerre. Plusieurs témoins peuvent être cités. En premier lieu, deux auteurs majeurs, dont le premier fut proche de Gilson : le jésuite français Henri de Lubac, et le métaphysicien italien Cornelio Fabro. L'ouvrage de Lubac, *Le drame de l'humanisme athée*, paraît en 1944[3]. Celui de Fabro, postérieur de vingt ans (1964), traduit tardivement en français, est encore plus monumental que le précédent, une somme de plus de mille pages, avec la connaissance encyclopédique, la force

---

1. *Les tribulations de Sophie, op. cit.*, p. 135.

2. É. Gilson – J. Maritain, *Correspondance 1923-1971*, G. Prouvost (éd.), Paris, Vrin, 1991, p. 231. De même, lettre retrouvée de G. à M. du 15 janvier 1967, p. 72, dans « Deux lettres d'É. Gilson », R. Mougel (éd.), *Cahiers Jacques Maritain* 37 (nov. 1998), p. 71-72. Sur le refus de Gilson « franchement hostile » dans le contexte d'un essai de dialogue, Ph. Chenaux, *L'Église catholique et le communisme en Europe (1917-1989) De Lénine à Jean-Paul II*, Paris, Cerf, 2009, p. 265 ; puis p. 297-319 (sur « le moment gauchiste » et ses suites).

3. Cardinal Henri de Lubac, *Le drame de l'humanisme athée* (1944[1], 1959[6]), *Œuvres complètes*, vol. II, Paris, Cerf, 2010 (porte sur Feuerbach, Nietzsche, Kierkegaard, Comte, Dostoïevski). Gouhier s'inspirera de Lubac pour ses propres travaux sur Comte.

spéculative et le souci critique de l'auteur[1]. Si la proximité de Gilson avec le P. de Lubac est attestée par leur correspondance et la convergence de leurs combats d'idées[2], il reste difficile de savoir dans quelle mesure Gilson a lu les travaux du P. Fabro, auteur pourtant placé au plus près de ses recherches sur l'être, peut-être trop près. À se demander si l'un et l'autre ne cèdent pas à la coquetterie d'éviter de se citer mutuellement, en métaphysique tout au moins, pour s'attribuer « l'invention » de l'acte d'être chez Thomas d'Aquin[3].

Dans différents genres, d'autres auteurs vont dans cette période dite des Trente Glorieuses (1945-1975) se préoccuper de l'athéisme, de l'immanence ou du nihilisme, comme Camus, Cioran, Deleuze, Derrida. Emmanuel Levinas écrit : « Par athéisme, nous comprenons ainsi une position antérieure à la négation comme à l'affirmation du divin, la rupture de la participation à partir de laquelle le moi se pose

---

1. C. Fabro, *Introduzione All'Ateismo Moderno* (1964[1] et 1969[2]) *Introduction à l'athéisme moderne*, trad. fr. d'A. Grenier, présentation de M. Lebel, Sillery (Québec), Édition Anne Sigier, 1999, 1106 p. (définit l'athéisme moderne, le caractérise par le principe d'immanence, et présente les positions de la plupart des philosophes modernes et contemporains, jusqu'à Sartre).

2. Cardinal Henri de Lubac – É. Gilson, *Lettres de M. Étienne Gilson adressées au Père de Lubac et commentées par celui-ci*, Nouvelle édition revue et augmentée, J. Prevotat (éd.), Paris, Cerf, 2013.

3. C. Fabro, *Participation et causalité selon S. Thomas d'Aquin*, Louvain, 1961. Ce travail, dont la première édition italienne *La nozione metafisica di partecipazione secondo S. Tommaso d'Aquino*, remonte à 1939, n'est cité par Gilson que dans sa réédition augmentée de 1950, après sa propre découverte de l'acte d'être thomasien (*God and Philosophy*, conférences de 1939-40, publiées en 1941, *op. cit.*), et dans la seule sixième édition du *Thomisme* (1965), *op. cit.*, p. 124, note 66. De son côté, Fabro ne cite Gilson que pour des mises au point de philosophie médiévale. Ce silence symétrique pose des questions non résolues à ce jour.

comme le même et comme moi »[1]. Il énonce aussi un thème
qui va être débattu dans les deux dernières décennies du siècle :
« Mais *entendre un Dieu non contaminé par l'être*, est une
possibilité humaine non moins importante et non moins
précaire que de tirer l'être de l'oubli où il serait tombé dans la
métaphysique et dans l'ontothéologie »[2].

Certains vont s'illustrer dans la défense du christianisme
et la critique de l'athéisme, qu'ils situent entre marxisme et
nihilisme nietzschéen. Chronologiquement, et pour s'en tenir à
quelques philosophes français représentatifs, et que Gilson a
pu lire, Jacques Maritain consacre à l'athéisme un chapitre en
1936 dans *Humanisme intégral*[3], puis, plus tard, un opuscule,
La signification de l'athéisme contemporain[4] ; Jean Guitton,
Difficultés de croire, à qui Gilson aurait pu emprunter son titre
en figure inversée[5] ; et aussi Jean-Yves Calvez et sa somme
sur Marx[6], Claude Bruaire[1], Claude Tresmontant[2], Pierre
Boutang[3] ou Maurice Clavel[4].

1. E. Levinas (1906-1995), *Totalité et infini. Essai sur l'extériorité*,
Martinus Nijhoff, 1971[1] ; « Biblio-Essais », Le Livre de poche, 1992[2], p. 52.

2. E. Levinas, *Autrement qu'être ou au-delà de l'essence*, Nijhoff, 1974 ;
« Biblio-Essais », Le Livre de poche, 1990[2], p. 10 : ; cf. *De Dieu qui vient à
l'idée*, Paris, Vrin, 1982. Plus tard aussi, H. Jonas, *Le concept de Dieu après
Auschwitz*, Paris, Rivages, 1994.

3. J. Maritain (1882-1973), *Humanisme intégral* (1936), *Œuvres
complètes*, Éditions Universitaires, Fribourg, Suisse – Éditions Saint-Paul,
Paris, vol. VI, 1984, p. 335-400 (il parle de « ressentiment contre le monde
chrétien », p. 341 *sq.*, puis « contre Dieu », p. 369 *sq.*).

4. J. Maritain, *La signification de l'athéisme contemporain*, DDB, 1949[1],
Œuvres complètes, Éditions Universitaires, Fribourg, Suisse – Éditions
Saint-Paul, Paris, vol. IX, 1990, p. 441-469 (les diverses sortes d'athéisme,
l'inconsistance de l'athéisme).

5. J. Guitton (1901-1999), *Difficultés de croire*, Paris, Plon, 1948.

6. J.-Y. Calvez, *La pensée de Karl Marx*, Paris, Seuil, 1956.

Ces témoins d'une époque intellectuellement agitée manifestent à quel point Gilson n'est ni le premier ni le seul adversaire du thème de l'athéisme, ni peut-être le plus persévérant[5]. Aussi faut-il se souvenir de ce que Gouhier dit des circonstances du présent opuscule : les deux ultimes chapitres,

1. C. Bruaire (1932-1986), *L'Affirmation de Dieu. Essai sur la logique de l'existence*, Paris, Seuil, 1964 ; *Le droit de Dieu*, Paris, Aubier-Montaigne, 1974.

2. C. Tresmontant (1925-1997), *Comment se pose aujourd'hui le problème de l'existence de Dieu ?*, Paris, Seuil, 1966 ; et surtout *Les problèmes de l'athéisme*, Paris, Seuil, 1972 (conclut que l'ultime motif de l'athéisme antichrétien, le « résidu », au-delà de la politique ou des erreurs des chrétiens, est une opposition « spirituelle », « une préférence opposée au christianisme » (p. 431).

3. P. Boutang (1916-1998), *Ontologie du secret,* Paris, P.U.F., 1973[1], cité en « Quadrige », 1988[2]. Boutang a fait partie des opposants de Gilson lors de « l'affaire Gilson » des années 1950-51, sur le Pacte atlantique et la neutralité de la France, que Gilson appelait de ses vœux en cas de nouveau conflit mondial, pour cause d'impréparation de la France et d'incertitude sur les décisions américaines. Au nom de son maurrassisme nationaliste, Boutang rejoignait ainsi les gaullistes du Figaro qui qualifiaient Gilson de traître, pour se raviser ensuite et le réhabiliter. L'*Ontologie du secret*, la thèse d'État de Boutang, cherche la manifestation de l'être à travers ses figures philosophiques ou littéraires, et converge vers le nom divin « Celui qui Est », révélé par Dieu (Exode 3, 14) tel que magnifié par Gilson, comme un ultime et explicite hommage à son égard (p. 8, 14, 254-255, 260, 457-461). Sur la « métaphysique de l'Exode », É. Gilson, *L'esprit de la philosophie médiévale*, *op. cit.*, p. 50, note 1. Il faut noter que Gilson n'emploie plus cette expression par la suite.

4. M. Clavel (1920-1979), *Ce que je crois*, Paris, Grasset, 1975 ; et le célèbre « *Dieu est Dieu, nom de Dieu !* », Paris, Grasset, 1976.

5. Sur les acteurs de cette époque, une relecture proposée vingt après, L. Ferry et A. Renaut, *La pensée 68. Essai sur l'anti humanisme contemporain*, Paris, Gallimard, 1988 ; un panorama, F. Dosse, *Histoire du structuralisme*, « Biblio-Essais », Paris, LGF-Livre de poche, 1995, I *Le champ du signe* (1945-1966) ; II : *Le chant du cygne* (1967 à nos jours).

possiblement séparés, de son ouvrage posthume *Constantes philosophiques de l'être*. Malgré leur brièveté, ces dernières pensées d'un sage sont autant de clefs de lecture des thèmes athées de l'époque, par exemple celui de la mort de Dieu[1]. Elles sont aussi comme l'attestation, aussi ferme que modeste, de la foi d'un vieux croyant au seuil de l'éternité. Comme Gilson le dit lui-même ailleurs, à propos de l'originalité de Maritain comme philosophe thomiste : «Ce que Thomas lui-même aurait pensé de cette sorte de disciple, je ne sais. Ils peuvent maintenant discuter le problème entre eux. Encore un peu de temps, et, comme je l'espère vivement, je serai moi-même informé du résultat de la discussion»[2]. Quant au statut de l'athéisme, Gilson en est à présent à son tour informé.

---

1. Le thème de la mort de Dieu, qui à cette époque semblait porté surtout par Marx et Nietzsche, sur fond d'idéalisme et de romantisme allemands, et dont le succès s'étendait jusqu'aux théologiens, a depuis autant régressé qu'il a bénéficié d'une étude généalogique. O. Boulnois : «Dire ou tuer ? La nomination de Dieu, de la transgression à la transcendance», *Revue philosophique de Louvain* 99/3 (2001), p. 358-384, en rappelle l'origine dans une hymne luthérienne de la Passion, de Johannes Rist (XVIIème siècle), (note 51, p. 382) :
«Ô tristesse, ô cœur ardent !
Ô grande détresse, Dieu même gît mort,
Il est mort sur la croix.»
Cette référence est déjà donnée (et datée de 1641) par E. Jüngel, *Dieu mystère du monde, Fondement de la théologie du Crucifié dans le débat entre théisme et athéisme* (1977), Paris, Cerf, 1983, t. I, p. 98. Est à noter toutefois, p. 100, cette phrase de Maître Eckhart : «Dieu est mort pour que je meure au monde entier et à toutes les réalités créées», par conséquent antérieure ; avec la référence en note 57 : «Maître Eckhart, *Die Deutsche Werke*, éd. J. Quint, vol. 2, 1971, 84, 2 *sq.*». J.-M. Paul, *Dieu est mort en Allemagne. Des Lumières à Nietzsche*, Paris, Payot, 1994.
2. Lettre de Gilson au P. Armand Maurer du 18 mars 1974, dans *Correspondance 1923-1971…, op. cit.*, p. 277.

ATHÉISME ET HUMANISME

Plusieurs décennies après, l'athéisme n'est pas moins présent au débat des idées, sous des formes mouvantes et de qualité philosophique variable. Gilson n'eût sans doute pas manqué de signaler, non sans ironie, que l'athéisme le plus prisé demeure celui qui s'oppose au Dieu le plus consistant, celui des chrétiens auquel la « postmodernité » (concept importé en France en 1979 par Jean-François Lyotard, année de la parution du présent livre, un an après la mort de Gilson) semble devoir sa raison d'être. La postmodernité a jeté le tableau chrétien mais a conservé son cadre. Aussi pouvons-nous reprendre l'oxymore (jadis utilisé par un Louis Rougier encore d'Action française, avant de verser dans l'anticléricalisme qui fera son succès) tel que cité par le Père de Lubac dans son annotation aux lettres de Gilson, celui d'« athée catholique »[1]. L'athée catholique, c'est-à-dire athée du Dieu des catholiques, et qui prospère en raison de cette dépendance-là, par exemple sous forme de traités « d'athéologie », semble rejoindre, en une nouvelle gravure en contre-sceau, l'idée gilsonienne de philosophie chrétienne : la philosophie depuis deux mille ans, est chrétienne sinon par « essence » du moins par « état », c'est-à-dire du fait des conditionnements historiques qui sont désormais les siens[2]. De même, l'athéisme est chrétien et

1. Cardinal Henri de Lubac – É. Gilson, *Lettres de M. Étienne Gilson adressées au Père de Lubac...*, *op. cit.*, note 2, p. 77.

2. É. Gilson, *Christianisme et philosophie*, Paris, Vrin, 1936, p. 136, et aussi p. 149 : « Et cet état chrétien de l'intelligence, c'est précisément ce dont le monde, parce qu'il le déteste, nous invite sans cesse à nous détourner de lui » ; É. Gilson – J. Maritain, *Correspondance 1923-1971...*, *op. cit.*, lettre de G. à M. du 21 avril 1931, p. 59.

même souvent catholique, non par essence mais par état. Il y a un exercice chrétien de l'athéisme comme il y a un « exercice chrétien de la raison » [1].

Cet exercice de l'athéisme s'étend à la négation de l'humanisme. Le 15 mars 1965, Gilson écrit à Augusto Del Noce, philosophe italien : « L'illusion de Nietzsche me semble être de croire que l'homme prendra la succession de Dieu. Si Dieu n'existe pas, l'homme l'a inventé, et il ne l'a peut-être inventé que parce qu'il ne pouvait pas s'en passer. Que l'homme ne puisse vivre sans Dieu ne prouve pas que Dieu existe, mais cela permet de craindre qu'à son tour, l'homme cesse bientôt d'exister. Cette pensée me peine, parce que je suis pour l'être contre le néant » [2].

Pour Gilson en 1965, si la fin de l'homme devait advenir, elle résulterait de la mort de Dieu. Sartre en avait posé l'articulation : « Il n'y a pas de nature humaine, puisqu'il n'y a pas de Dieu pour la concevoir » [3]. Une idée semblable de la possible fin de l'homme, mais sur fond de conviction tout autre, à savoir que Dieu est déjà mort, fait la célébrité de Michel Foucault un an plus tard, à la dernière page des *Mots et les choses* [4].

1. É. Gilson, *L'esprit de la philosophie médiévale, op. cit.*, p. 10-11.
2. M. Borghesi (éd.), *Mon cher collègue et ami. Lettres d'Étienne Gilson à Augusto Del Noce*, Paris, Parole et Silence, 2011, p. 75. A. Del Noce (1910-1989) a écrit : *Il problema dell'ateismo*, Bologne, 1964.
3. J.-P. Sartre, *L'existentialisme est un humanisme*, Paris, Nagel, 1946, p. 22.
4. M. Foucault, *Les mots et les choses. Une archéologie des sciences humaines*, Paris, Gallimard, 1966, p. 398 : « L'homme est une invention dont l'archéologie de notre pensée montre aisément la date récente. Et peut-être la fin prochaine. Si ces dispositions venaient à disparaître comme elles sont apparues (…), alors on peut bien parier que l'homme s'effacerait, comme à la

LA RONDE DES SERVANTES

Les deux chapitres du présent ouvrage sont parcourus par deux thèmes : le statut des preuves de l'existence de Dieu et le rôle de la philosophie comme servante.

Le premier thème suppose une réflexion sur la « pré-connaissance de Dieu antérieure aux preuves, cette définition nominale de Dieu, c'est-à-dire d'un concept provisoire nécessaire et suffisant pour qu'on sache que l'on cherche » [p. 56 de la 1ᵉ éd.]. Cette idée développe la première page de *L'athéisme difficile* où Gilson avoue ne s'être jamais passionné pour la question des preuves. Le lecteur méditera sur une telle ouverture : « Non seulement ces preuves ne m'apprendraient rien que je ne sache, mais j'aurais le sentiment de raisonner au profit d'une de ces certitudes acquises d'avance qui causent leurs démonstrations plutôt qu'elles n'en résultent » [p. 11].

D'où les développements aussi alertes que graves sur les aventures de la servante qu'est la philosophie, face à la « ronde des preuves » moquée par Gide. Gilson aime filer la métaphore ancillaire : « Le défaut le plus commun de ces servantes, c'est qu'elles sont querelleuses (…). Soyez indulgents pour la servante, elle fait ordinairement ce qu'elle peut » [p. 84]. Il en parle ailleurs sur le même ton : la philosophie ne peut servir la théologie « qu'à condition d'être authentiquement philosophie, mais la servante est de la famille ; elle fait partie de la

limite de la mer un visage de sable ». Gilson, curieusement aussi à la dernière phrase du présent ouvrage, utilise aussi la métaphore du sable sur lequel la métaphysique pourrait échouer, si elle se fait « science de la nature, et qu'elle travaille pour une sagesse morte, échouée sur le sable de la logique, au lieu de la Sagesse vivante qu'on l'invitait à servir ».

maison »[1]. Ailleurs encore, il attribue à cette servante-là une autre servante : « L'approche historique de la philosophie utilise l'histoire des philosophies comme une servante de la philosophie »[2]. De ces remarques, deux idées se dégagent : d'une part, les preuves sont le signe du travail et de la santé de la raison à l'intérieur de l'écosystème chrétien, ce pourquoi, aux yeux de Gilson, à leur sujet « j'irais jusqu'à dire qu'elles sont toutes bonnes »[3]. D'autre part, l'histoire de la philosophie n'est qu'une composante de la vérité philosophique, elle l'établit sans la recouvrir. Précieux étagement des ordres de vérité, par un philosophe qui est surtout connu comme historien[4].

Le « Plaidoyer pour la servante » commence par une référence à l'Encyclique *Ecclesiam suam* de Paul VI (1964) sur la question des rapports de l'Église et du monde, à propos de ce que Gilson appelle (en l'y relevant de mémoire) « l'athéisme politico-scientifique ». Voici le paragraphe de l'Encyclique consacré à ce thème :

> (108) Mais si l'affirmation et la défense de la religion et des valeurs humaines qu'elle proclame et qu'elle soutient doit être ferme et franche, nous consacrons un effort pastoral de réflexion à tâcher de saisir chez l'athée moderne, au plus intime de sa pensée, les motifs de son trouble et de sa

---

1. É. Gilson, *Introduction à la philosophie chrétienne*, *op. cit.*, 1960[1], p. 51 ; 2011[3], p. 64.

2. É. Gilson, *Dieu et la philosophie*, *op. cit.*, p. XX.

3. É. Gilson, *L'athéisme difficile*, [p. 84].

4. Il n'empêche que, dit aussi Gilson dans *L'athéisme difficile*, l'histoire est nécessaire à la philosophie, et que ceux qui la négligent pour des motifs déclarés nobles ne font ainsi que dissimuler leur paresse : « Beaucoup de philosophes n'aiment pas l'histoire, parce qu'avant d'en parler il faut l'apprendre, au lieu qu'en philosophie, il suffit d'inventer » [p. 70-71].

négation. Nous les trouvons complexes et multiples, ce qui nous rend prudents dans la façon de les apprécier et nous met mieux à même de les réfuter. Nous les voyons naître parfois de l'exigence même concernant la présentation du monde divin : on la voudrait plus élevée et plus pure par rapport à celle que mettent peut-être en œuvre certaines formes imparfaites de langage et de culte ; formes que nous devrions nous ingénier à rendre le plus possible pures et transparentes pour mieux traduire le sacré dont elles sont le signe. Les raisons de l'athéisme, imprégnées d'anxiété, colorées de passion et d'utopie, mais souvent aussi généreuses, inspirées d'un rêve de justice et de progrès, tendu vers des finalités d'ordre social divinisées : autant de succédanés de l'absolu et du nécessaire et qui dénoncent le besoin inéluctable du principe divin et de la fin divine dont il appartiendra à notre magistère de révéler avec patience et sagesse la transcendance et l'immanence. Les positions de l'athéisme, nous les voyons se prévaloir, parfois avec un enthousiasme ingénu, d'une soumission rigoureuse à l'exigence rationnelle de l'esprit humain dans leur effort d'explication scientifique de l'univers. Recours à la rationalité d'autant moins contestable qu'il est fondé davantage sur les voies logiques de la pensée, lesquelles, bien souvent, rejoignent les itinéraires de notre école classique. Contre la volonté de ceux-là mêmes qui pensaient forger par là une arme invincible pour leur athéisme, cette démarche, par sa force intrinsèque, se voit entraînée finalement à une affirmation nouvelle du Dieu suprême, au plan métaphysique comme dans l'ordre logique. N'y aura-t-il personne parmi nous, par l'aide duquel ce processus obligatoire de la pensée, que l'athée politico-scientifique arrête volontairement à un certain point, éteignant ainsi la lumière suprême de la compréhension de l'univers, puisse déboucher dans la conception de la réalité objective de l'univers cosmique, qui ramène à l'esprit le sens de la présence divine et sur les lèvres les syllabes humbles et balbutiantes d'une prière heureuse ?

Les athées, nous les voyons aussi parfois mus par de nobles sentiments, dégoûtés de la médiocrité et de l'égoïsme de tant de milieux sociaux contemporains, et empruntant fort à propos à notre Évangile des formes et un langage de solidarité et de compassion humaine : ne serons-nous pas un jour capables de reconduire à leurs vraies sources, qui sont chrétiennes, ces expressions de valeurs morales ? [1]

En revanche, sur les voies thomasiennes destinées à prouver l'existence de Dieu, Gilson s'est étendu à plusieurs reprises, malgré le manque d'intérêt annoncé [2], de même qu'il a consacré un chapitre sur l'existence de Dieu à chacun des auteurs dont il a signé la monographie philosophique : saint Augustin, saint Bonaventure, Duns Scot [3].

Quelques autres thèmes font une apparition furtive, eu égard à la brièveté de l'ouvrage. Ils sont souvent l'écho d'œuvres plus amples [4].

1. Paul VI, Encyclique *Ecclesiam suam*, du 6 août 1964, texte et traduction française disponibles sur le site du Vatican : vatican.va.

2. É. Gilson, « Trois leçons sur le problème de l'existence de Dieu », *Divinitas* 5 (1961), p. 23-87 ; *Elements of Christian Philosophy, op. cit.*, II. 3, p. 43-87 ; « Prolégomènes à la *prima via* », *AHDLMA* XXX (1963), p. 53-70, « Vrin-Reprint », Paris, Vrin, 1986, p. 41-58 ; *Le thomisme*, 6ème éd., *op. cit.*, p. 51-97.

3. É. Gilson, *La philosophie de saint Bonaventure*, Paris, Vrin, 1924[1], 1943[2] ; *Introduction à l'étude de saint Augustin*, Paris, Vrin, 1928[1], 1941[2] ; *Jean Duns Scot. Introduction à ses positions fondamentales*, Paris, Vrin, 1952.

4. Par exemple, pour la question du choix entre l'être analogue de Thomas d'Aquin et l'être univoque de Duns Scot [p. 87-88], et donc celle du pluralisme ou de l'équivalence des théologies, É. Gilson, *Jean Duns Scot…, op. cit.*, p. 661-662. Pour ce qui relève de la théologie philosophique (que l'on sait mal nommée « théologie naturelle » ou « théodicée »), de la théologie négative et des noms divins, le Dieu *Celui qui est* (Exode 3, 14), voir É. Gilson, *Le thomisme* et *Introduction à la philosophie chrétienne* aux chapitres concernés,

En fait d'idées directrices, les interventions gilsoniennes sur l'athéisme manifestent le souci : 1) d'établir historiquement les positions des auteurs, tous choisis parmi des penseurs, philosophes qui croient en la raison ou bien la déconstruisent ; 2) de les situer dans l'histoire de la métaphysique, entre l'état chrétien de la philosophie et la volonté chez certains d'en sortir, entre une certaine conception de Dieu et une certaine conception de l'être ; 3) de ne jamais négliger les fondements métaphysiques des sociétés athées, entre matérialisme, étatisme et athéisme prescrit, avec l'aliénation de la liberté qu'elles entraînent ; 4) de défendre le droit pour le christianisme de se situer au même niveau d'exigence de rationalité que l'antichristianisme ; 5) de se placer soi-même du côté de l'affirmation de Dieu, d'en critiquer la négation, telle qu'elle se manifeste chez plusieurs auteurs modernes ou contemporains, et de critiquer la négation depuis l'affirmation elle-même ; 6) de dénoncer sans ambages les tentatives aussi vaines que truquées de concilier les inconciliables, marques de faiblesse intellectuelle d'une époque insincère ou inconséquente.

Au total, l'athéisme est difficile parce qu'il reste, sous tous ces rapports, un phénomène interne au christianisme. La postmodernité allait confirmer qu'il n'est de rejet qu'enraciné. Difficile aussi, parce qu'il se présente comme une position religieuse exprimée philosophiquement. Que pourrait devenir l'athéisme si, un jour, il ne pouvait plus s'appuyer sur une « chrétienté », pour en parler en termes gilsoniens, chrétienté qui le nourrit doublement, et son être et sa haine ? Comme

---

ainsi que É. Gilson, *Dieu et la philosophie*, *op. cit.* Pour la différentiation des métaphysiques, y compris celles de Spinoza, de Wolff et une analyse de Heidegger, É. Gilson, *L'être et l'essence*, *op. cit.*, *passim.*

en figure inversée de la philosophie chrétienne, l'athéisme philosophique s'appauvrirait de perdre le christianisme, au lieu de s'en trouver renforcé.

Dans l'œuvre de Gilson, *L'athéisme difficile* se révèle d'un genre inclassable, ni exégétique ni apologétique. Il achève les leçons de vivacité de Gilson en son grand âge, sagesse d'un croyant au seuil d'en découdre avec les fins dernières.

Fr. Thierry-Dominique Humbrecht o.p.

L'ATHÉISME DIFFICILE

PRÉFACE

| Étienne Gilson a laissé un ouvrage partiellement inédit 7 sous le titre : *Constantes philosophiques de l'être.* Mais il avait ajouté cette note pour l'éditeur : « Si ce manuscrit est trop long, il est possible d'en détacher, pour en faire une petite brochure séparée, les chapitres IX et X. On pourrait alors les publier sous le titre de *L'athéisme difficile,* dans l'ordre où ils se trouvent ici réunis : I. *L'athéisme difficile* ; II. *Plaidoyer pour la servante.* »

De fait, les huit chapitres précédents forment un tout. On y retrouvera l'article publié dans la *Revue de Métaphysique et de Morale,* en 1961 (n° 4) : *De la connaissance du principe,* article devenu le chapitre I ; *Les Principes et les Causes,* publié dans la *Revue thomiste* en 1952 (n° 1), devenu le chapitre II ; l'article publié dans les *Mélanges* offerts au R.P. Chenu en 1967 : *Les vicissitudes des principes,* devenu le chapitre V ; les articles *L'Être et Dieu,* publiés dans la *Revue thomiste* en 1962 (n°s 2 et 3), devenus le chapitre VII. Les deux études constituant provisoirement les chapitres IX et X eussent été plutôt des appendices que des parties de l'ouvrage si justement titré : *Constantes philosophiques de l'être.* C'est pourquoi il a paru préférable de suivre la suggestion faite par Étienne Gilson lui-même et de les publier en un volume séparé.

8 | Une note d'Étienne Gilson montre qu'il avait envisagé pour la première étude trois titres : *De l'athéisme* ou *L'athéisme difficile* ou *Difficultés de l'athéisme.* C'est le second titre qu'en définitive il a adopté.

Nous connaissons trois rédactions de cette étude :

1) Un texte français mêlant des feuilles de plusieurs dactylographies différentes, ce qui explique la note finale : « dernière rédaction, Vermenton, 25 septembre 1967. »

2) Sur cette même dactylographie, à côté de la note finale, on lit : « récrit en anglais, édité et publié par (deux mots abrégés illisibles) ». Il s'agit de : *The idea of God and the difficulties of atheism* dans *The great ideas today,* 1969, p. 239-273.

3) Sur la dactylographie du texte français de 1967, Gilson a jeté une appréciation très sévère sur son article et ajouté : « récrit en octobre 1970 à Vermenton ». Le texte qu'il proposait de publier est celui, entièrement nouveau, d'une dactylographie dont la dernière ligne est suivie de cette indication : « fin, 12 octobre 1970 ».

Présentant cette étude en même temps que *Constantes de l'être,* son auteur la dit « l'analogue français de quatre leçons publiées en anglais, grâce au professeur Mortimer J. Adler, dans le recueil « *Great ideas today*, 1968 ». Le tiré à part que nous avons trouvé à la Bibliothèque de l'Institut porte : 1969.

Retenons deux choses :

1) Le texte anglais n'est pas la traduction du premier texte français et le second texte français n'est pas la traduction du texte anglais. Il y a donc trois versions de *L'athéisme difficile.*

2) On doit retenir pour la publication le second texte français, cela va de soi. La seule question est de savoir s'il convient d'extraire des fragments omis ou des variantes du premier. Or les passages supprimés l'ont été volontairement, les passages modifiés l'ont été volontairement : au moins pour

cette édition, il convient, croyons-nous, de donner le texte qu'Étienne Gilson avait lui-même rédigé en vue de sa publication.

Dans l'Introduction aux *Constantes de l'être* on lit : « *Plaidoyer pour une servante* est une traduction à la communication *(On Behalf | of the Handmaid)* faite au Congrès inter- **9** national de Théologie de Toronto, à l'occasion du centième anniversaire de la Confédération canadienne, en 1967. » Suivait un remerciement au R.P. Shook pour avoir autorisé la reproduction française de cette étude.

Nous donnons le texte français publié sous le titre *Pour la servante* dans le recueil : *La Théologie du Renouveau*, Texte intégral des travaux présentés au Congrès international de Toronto publié sous la direction de Laurence K. Shook, c.s.b. et Guy M. Bertrand, c.s.c., Montréal, Fides, et Paris, Éditions du Cerf, 1968, p. 61-72.

Rappelons que le titre a son origine dans la *Somme théologique*, Iᵃ, Question I, article 5 : la doctrine sacrée, *doctrina sacra*, tient les autres sciences, *aliae scientiae*, pour ses servantes, *ancillae hujus*. Saint Thomas tire cette image des *Proverbes*, IX, 3 : la Sagesse, après avoir bâti sa maison, « a envoyé ses servantes », *misit ancillas suas*, et a invité « les simples » à entrer chez elle.

Nous donnons ici à cette étude le titre choisi par Étienne Gilson quand il a songé à une publication posthume.

Henri Gouhier, 1979

L'ATHÉISME DIFFICILE

| J'ai été souvent prié, parfois sommé, quelquefois 11
même mis au défi de donner des preuves de l'existence de
Dieu. Je n'ai jamais pu me passionner pour la question. Je
me sens si certain qu'une réalité transcendante au monde et
à moi-même répond au mot Dieu, que la perspective de
chercher des preuves de ce dont je suis si sûr me semble
dénuée d'intérêt. Non seulement ces preuves ne m'apprendraient rien que je ne sache, mais j'aurais le sentiment
de raisonner au profit d'une de ces certitudes acquises
d'avance qui causent leurs démonstrations plutôt qu'elles
n'en résultent. Ceux qui prennent plaisir à gagner au jeu
en trichant sont compréhensibles, car ils gagnent quelque
chose, mais puisqu'une démonstration faussée ne prouve
rien, son auteur n'a rien à gagner.

| En revanche, justement parce que l'existence de Dieu 12
me paraît spontanément certaine, je suis curieux des raisons
que d'autres peuvent avoir de dire que Dieu n'existe pas.
Pour moi, c'est la non-existence de Dieu qui fait question.
Je désire donc connaître et mettre à l'épreuve quelques-
unes des raisons invoquées en faveur de l'athéisme. Je veux
dire, de l'athéisme dogmatique et positif, c'est-à-dire de la
doctrine qui, après mûre réflexion, conclut comme une

certitude rationnelle que rien qui réponde au mot « dieu » n'existe en réalité. Par rien j'entends « aucun être ».

Je commencerai par définir la notion dont je tiendrai l'affirmation pour une affirmation de Dieu et la négation pour une négation de Dieu. Les éléments constitutifs de cette notion, ses *essentialia* comme dirait Wolff, sont au nombre de trois : 1) Dieu doit être un être transcendant, c'est-à-dire un être qui existe indépendamment de moi et du monde ; 2) il doit aussi être un être nécessaire, tel qu'après l'avoir trouvé il n'y ait pas lieu d'en chercher la cause ; 3) il doit être la cause de tout le reste[1]. La raison pour définir ces conditions est qu'affirmer Dieu n'est pas affirmer l'existence de n'importe quel objet nommé dieu.

Ainsi, dans l'enquête considérable menée par *Esprit* (Octobre 1967) sous le titre : *Nouveau monde et parole | de Dieu,* identifiant Dieu à Jésus, J.-J. Natanson déclare : « le premier attribut de ce Dieu, ce n'est pas l'être, ce n'est pas la toute-puissance, mais l'amour. » Le Dieu des Chrétiens est certainement Amour : *Deus charitas est,* mais pour être amour, il lui faut d'abord *être* : « En vérité je vous le dis, avant qu'Abraham ne fût, je suis ». On ne peut pas non plus définir Dieu comme « communication de soi », comme « le don de soi », ni définir sa toute-puissance comme la

13

1. M. J. Adler, *Dieu, religion et l'homme moderne* (God, Religion and Modern Man), conférence faite à l'Aspen Institute for Humanistic Studies, 9 août 1966. Je remercie le Dr Adler de m'avoir aimablement adressé un exemplaire de cette remarquable conférence, d'autant plus qu'elle ne contient rien à quoi je ne souscrive sans réserve. L'accord philosophique est une denrée trop rare pour qu'on ne l'accueille pas cordialement lorsqu'on a la chance de la rencontrer.

« communication de l'être » sans reconnaître d'abord qu'il ait de l'être à communiquer, en bref, qu'il *est*[1].

On a fait observer avec raison qu'il y a des athéismes de toute sorte. Il n'y a pas à proprement parler d'athéisme scientifique, parce que la science n'a pas compétence pour traiter de la notion de Dieu, mais il y a un athéisme propre aux esprits exclusivement occupés de problèmes scientifiques traités par des méthodes scientifiques. Il s'agit là d'une attitude personnelle, dont l'expérience montre d'ailleurs qu'elle peut varier au cours de la vie, mais qui n'est objet ni de démonstration ni de réfutation. Ce n'est pas de cet athéisme positiviste, ou scientiste, qu'il s'agit ici.

Il y a aussi un athéisme pratique, peut-être la forme d'athéisme la plus répandue, l'impiété, que la religion considère comme la menace la plus insidieuse à la conscience des croyants eux-mêmes et qui consiste à vivre comme s'il n'y avait pas de Dieu. Cette forme d'athéisme, essentiellement pratique, ne nous concerne pas non plus. C'est celle des neutres qui à la question : Que pensez-vous | de la **14** religion ? répondent mollement : Je ne suis pas contre. Ils ne savent pas s'ils sont athées ou non et ne se soucient même pas de le savoir, crainte peut-être de découvrir qu'ils ne le sont pas.

Il y a encore une forme officielle et politique d'athéisme tel que l'athéisme d'État de la République Soviétique de Russie, où l'athéisme marxiste est en quelque sorte inclus dans la constitution. Nous aimerions pouvoir le laisser lui aussi de côté, car il n'est d'essence ni philosophique ni théologique. En fait, il n'est même pas d'essence

1. *Esprit*, octobre 1967, p. 482 et 486.

spéculative, mais il ne nous sera pas permis de l'ignorer, car il s'introduit constamment dans la discussion des problèmes que nous devons traiter.

La forme d'athéisme qui retiendra surtout notre attention est l'athéisme philosophique. On peut le nommer aussi théologique, en ce sens que la notion métaphysique de Dieu, qui est en cause, est le couronnement de ce qu'on nomme « théologie naturelle », mais on ne parlera pas du Dieu de la religion révélée, quelque forme que cette révélation de Dieu par soi-même ait pu prendre. Encore moins sera-t-il question de l'athéisme religieux, cultivé par de petits groupes d'esprits éclairés dès le temps du premier Modernisme, ni de l'athéisme chrétien qui en est la forme la plus récente, selon lequel la notion de Christ joue le rôle de celle de Dieu, car le Christ ne nous intéresse que si ce Fils de Dieu est Dieu. Si nos réflexions devaient nous conduire à conclure que l'athéisme n'existe pas, il faudrait l'entendre en ce sens que l'athéisme n'existe pas comme conclusion philosophique. Sans nier aucunement ses autres formes, on ne mettra ici en cause que l'athéisme des philosophes et des savants.

15 | Quel Dieu est mort ?

La parole de Nietzsche, « Dieu est mort », est devenue un cliché si commun qu'on a honte d'en parler. Pourtant, lorsqu'il les écrivit, ces mots ne représentaient que la moitié de son message, car ils s'accompagnaient dans sa pensée de cette autre : « Je vous annonce le Surhomme. » La première partie n'avait pas de sens pour lui sans la deuxième, car c'était la naissance du Surhomme qui causait la mort de Dieu. Ce déplacement et remplacement de Dieu par l'homme nouveau était l'essence même de la parole que se disait à lui-même Zarathoustra sortant de la forêt aux ermites : « Ce vieux saint n'a pas encore appris que Dieu est mort. » Ôter Dieu de la place qu'il usurpait au détriment de l'homme était pour Nietzsche le sens ultime de son entreprise. Les journaux, revues et livres ou brochures de toute sorte font beaucoup plus de publicité pour la mort de Dieu que pour l'avènement du Surhomme. C'est peut-être que rien n'encourage à y croire dans la réalité.

De toute manière, le sens de la formule n'est pas clair. Prise à la lettre, elle signifierait qu'un certain être, nommé Dieu, a finalement cessé d'exister. Ainsi entendue, la proposition serait dénuée de sens, car même les Grecs identifiaient les notions de divinité et d'immortalité. Pour eux, dire « les immortels » ou dire « les dieux » revenait au même et pour nous encore dire « un mortel » ou dire « un homme » est dire pratiquement la même chose. | L'équivalence des **16** deux notions était si absolue que plusieurs des premiers théologiens chrétiens se sont élevés contre la doctrine, nouvelle pour eux, que l'âme de l'homme fût *naturellement* immortelle. C'était en faire un dieu. La notion qu'un dieu puisse mourir semble encore absurde, car si le fait est vrai, ce n'était pas un dieu ; s'il y a jamais eu un dieu, il existe encore puisqu'il est immortel par définition[1].

---

1. Dans *Dieu, religion et l'homme moderne,* que nous avons cité, M. J. Adler définit ce qu'il nomme athéisme existentiel comme signifiant simplement: « Dieu n'existe pas. » D'où il conclut à juste titre que « tous nos nouveaux théologiens – nos théologiens de la mort de Dieu – sont athées… Ils se complaisent à l'équivoque la plus outrageante pour s'efforcer de persuader leurs lecteurs qu'avec la mort de Dieu une nouvelle théologie est née ou, ce qui

L'absurdité même de la proposition en a fait le succès publicitaire, car la publicité ne s'intéresse qu'à l'extra-ordinaire et, de préférence, à l'accident. Qu'un immortel continue d'être, c'est trop naturel pour qu'il vaille la peine d'en parler, mais qu'il mourût serait au contraire du plus vif intérêt. On admettra donc, pour qu'une discussion philo-sophique en devienne possible, que cette formule à effet ne signifie pas réellement qu'un immortel soit mort, mais plutôt qu'on vient enfin de s'apercevoir qu'il n'avait jamais existé, sauf sous la forme d'un être mythologique usurpant depuis des millénaires la place de l'homme. C'est ce mythe
17 qui est en voie de disparaître dans | les consciences et, dans celle de Nietzsche lui-même, a déjà disparu. La croyance en son existence, naguère encore vivante dans la pensée de la plupart des hommes, vient de s'éteindre dans celle du plus éclairé d'entre eux, elle commence de faiblir dans celle d'un grand nombre, elle est de moins en moins présente à celle de la plupart, elle y a pratiquement cessé d'exister.

Nietzsche lui-même n'a rien dit d'aussi simpliste. Le problème était pour lui essentiellement moral. Sortant de la forêt aux ermites pour redescendre vers les hommes, Zarathoustra laisse derrière lui le peuple des saints soli-taires qui composent et chantent des chants à la gloire de Dieu. Uniquement occupés de lui et oublieux du monde, ils incarnent le renoncement à la terre et le culte des valeurs

---

est encore plus absurde, qu'une ère nouvelle commence pour la vie religieuse de l'homme… Le mouvement de « la mort de Dieu » devrait être défini comme celui de la mort, non de Dieu, mais de la théologie et de la religion. » Cette proposition précise est inattaquable et définit exactement la nature du pro-blème ; on peut seulement se demander si elle ne présuppose pas une précision intellectuelle étrangère à la classe de ces soi-disant théologiens.

transcendantes, imposées du dehors à l'homme, telles que les notions de « bien » et de « mal » codifiées par la morale. Aller « au-delà du bien et du mal » est surmonter l'ordre de ces fausses valeurs imposées d'en haut à l'homme, à son propre profit, par un dieu inexistant. Une fois libéré de ce mythe, l'homme sera enfin libre de décréter lui-même ses propres valeurs. Il sera devenu lui-même : *Ecce homo*.

Il y a du Feuerbach dans Nietzsche. En substance, la réforme qu'il se propose d'effectuer est l'élimination de l'idéal chrétien d'humilité et de douceur pour lui substituer l'exaltation de la force et de tous les pouvoirs de l'homme portés à leur degré suprême d'efficacité dans la liberté. Ce qui est vraiment mort est donc le Dieu de l'éthique chrétienne et traditionnelle. La formule de Nietzsche signifie qu'il est même devenu impossible de blasphémer contre Dieu puisque personne n'est plus là pour entendre | le blasphème. « Jadis le plus grand blasphème était le **18** blasphème contre Dieu, mais Dieu est mort et ce genre de blasphémateur est mort avec lui. » Le grand péché sera désormais de blasphémer la terre et de lui accorder moins d'importance qu'aux choses de la religion et du ciel, à l'homme qu'à Dieu.

Une pensée explosive comme celle de Nietzsche ne se laisse pas résumer. De ce qu'il pense certainement ce qu'il dit on ne peut inférer qu'il ne pense pas ce qu'il ne dit pas. Sa négation de Dieu ne s'adresse pas ici explicitement, ni peut-être implicitement, au Créateur du monde et de l'homme. Je ne saurais dire ce qu'il en pense. Il m'est encore plus difficile d'imaginer ce qu'aurait pu être sa critique de la notion physique et métaphysique du Dieu des théologiens, par exemple celui des « cinq voies » de Thomas d'Aquin. Il aurait en tout cas récusé le Dieu des

Juifs et des Chrétiens, mais que dire des dieux grecs? Leurs adorateurs ne les concevaient-ils pas comme autant de surhommes, ou de surouvriers, semblables au Démiurge du *Timée,* cet auteur divin de la nature et ce quasi créateur du monde? Car en vérité, dit Platon, rien n'est réellement, tout devient, et tout ce qui devient doit nécessairement être produit par une cause, car «sans cause rien ne peut être produit.»

Nietzsche lui-même avait conscience de n'avoir pas répondu à cette partie du problème, car il était ·moraliste plus que métaphysicien, et il le savait. Son lecteur peut omettre cette importante limitation de son point de vue, Nietzsche lui-même en avait conscience. Il s'en prenait à la théologie et à la moralité, non à Dieu ni à la morale, car **19** «c'est la théologie qui a étouffé Dieu, et la moralité, | la morale.» On ne vient pas si facilement à bout de Dieu, il ne se décompose pas comme un cadavre, mais plutôt, comme le serpent, il fait peau neuve : «il dépouille sa peau morale, et vous le retrouverez bientôt, par delà le bien et le mal!» Enfin, et aussi clairement que possible: «La *réfutation de Dieu* : en réalité il n'y a guère que le dieu *moral,* qui soit réfuté»[1].

Reste donc ouvert un vaste domaine théologique auquel Nietzsche sait qu'il n'a pas touché. Ceux qui se réclament de sa formule devenue publicitaire diffèrent de lui à plusieurs égards. Le dieu physique, cosmique est le premier et généralement le seul auquel ils pensent d'abord. Il y avait jadis Quelqu'un, qu'on nommait Dieu, créateur et

---

1. F. Nietzsche, *Ainsi parlait Zarathoustra,* trad. G. Bianquis, Paris, Gallimard, 25ème édition, 1950 ; Appendice, paragraphe 62, p. 310.

conservateur de l'univers et de l'homme, sa Providence aussi, et c'est celui-là, pensent-ils, qui a cessé d'exister. En un sens non négligeable, sa disparition entraînerait bien, comme celle du dieu dont Zarathoustra annonce la mort, une libération morale, mais ce serait dans le sens de la facilité des mœurs. Avec lui disparaîtrait le Juge Suprême, rémunérateur et vengeur. S'il n'y a pas de Dieu, dit le vieux Karamazov, tout est permis! Les deux aspects de la question ont toujours été liés. Ils l'étaient déjà dans l'ancien sens du mot « libertin », dont le dix-septième siècle usait pour désigner des athées qui étaient en même temps des débauchés. Libérés de Dieu, ils l'étaient en même temps que de la religion et de la morale. Nietzsche, tout au contraire : « Si nous ne faisons pas pour nous | de la *mort* **20** *de Dieu* un *renoncement grandiose* et une continuelle *victoire sur nous-mêmes*, c'est nous qui aurons à supporter la perte »[1]. Avec le nouveau dieu que sera le surhomme, Nietzsche conservera naturellement la religion, qui est essentiellement « doctrine de la hiérarchie » et même, que l'on veuille bien observer ce point, d'une « échelle cosmique des puissances. » Pas de vraie religion sans culte : « Dans ce siècle populacier l'esprit noble et bien né doit commencer chaque journée *en pensant à la hiérarchie* ; c'est ici que sont ses devoirs, ici ses plus subtils égarements »[2].

Cet athéisme moral de Nietzsche est absolu. On peut, si on veut, y voir une réplique du *non serviam* de Satan, mais il est en fait au delà de Satan, car Satan n'est certes pas un

1. *Ibid.*, paragraphe 61, p. 310.
2. *Ibid.*, paragraphe 63, p. 310 et paragraphe 72, p. 311.

athée et Nietzsche sait qu'on ne peut pas se rebeller contre ce qui n'existe pas. Il est vrai que le surhomme n'existe pas non plus, du moins pas encore, mais il existera ; il est une attente, un espoir, non un mythe. Nietzsche méprise au delà de toute expression le siècle populacier qui se réclame du surhomme sans penser au sens de son message : « Ils renversent les images, et disent : il n'y a rien de saint qui soit digne d'être adoré comme un dieu » [1]. On ne voit aucun rapport entre l'athéisme de pacotille qui se réclame de Nietzsche et l'athéisme altier de Nietzsche lui-même. Nous nous conformerons à son intention profonde en n'en tenant aucun compte. Lui-même l'a dit : « Il m'a paru impossible 21 | d'enseigner la vérité, là où la manière de penser est trop basse » [2]. Il s'est toujours senti très seul, mais il ne pouvait l'être plus qu'il ne le serait de nos jours au milieu de cette

1. *Ibid.*, paragraphe 110, p. 317.
2. *Ibid.*, paragraphe 105, p. 217. On ne nie pas ici l'athéisme de Nietzsche, on en rappelle la nature. Il n'a pas dit : Je suis le premier athée, ou s'il l'a dit, ce fut seulement au sens où il disait : « Je suis le premier immoraliste. » (*Ecce Homo,* trad. A. Vialatte, Paris, Gallimard, 1942, p. 99). Dans son langage l'infâme n'est ni la religion ni Dieu, mais le judaïsme chrétien, Jésus-Christ et sa morale. Nietzsche a mission de faire le jour sur ce fléau ; en découvrant le caractère pestilentiel de la morale chrétienne du renoncement, Nietzsche a « coupé en deux l'histoire de l'humanité » (p. 175) qu'il a fait passer de l'ère chrétienne à l'ère nietzschéenne. Il est donc bien « Dionysos en face du Crucifié » (p. 175). On a détrôné les valeurs de vie pour les remplacer par des valeurs de mort, et c'est ce qui explique la généalogie de la morale : « Définition de la morale : une idiosyncrasie de décadents guidés par l'intention de se venger de la vie, intention d'ailleurs couronnée de succès » (p. 174). L'immoralisme est l'essence de l'athéisme nietzschéen, c'est ce qui met son auteur à part du reste de l'humanité (p. 172). Cet athéisme qui lui est propre est chez lui un « instinct naturel » (p. 42) qui se confond d'ailleurs avec sa révolte contre tout ce qui prétendrait transcender l'homme, sauf l'homme même.

foule dite « nietzschéenne » faite d'athées à bon marché. Ils ne comprennent pas que, s'il n'y a plus de dieu, le devoir leur incombe de se diviniser.

Un témoin perspicace de l'athéisme nietzschéen authentique est J.-P. Sartre, pour qui non plus l'athéisme n'est pas chose facile, ni plaisante, mais une vérité âpre et dure, à conquérir de haute lutte et pour laquelle, même après l'avoir conquise, il faut accepter de souffrir.

Le troisième acte de son drame *Les mouches*, scène 2, met aux prises Jupiter et Oreste, le dieu et l'homme. Il n'est pas question de nier l'existence du dieu, puisqu'il est là. Oreste est un criminel depuis qu'il a assassiné sa mère Clytemnestre, elle-même meurtrière de son époux.

Jupiter est prêt à pardonner, et même à faire le bonheur d'Oreste s'il se reconnaît coupable d'avoir enfreint les commandements du dieu. C'est précisément cette soumission qu'Oreste refuse. Il n'y a pas plus de dieu pour la conscience morale d'Oreste que pour celle de Nietzsche, et parce que tout repentir serait l'acceptation d'une servitude morale de l'homme, Oreste se refuse à tout regret. En vain | Jupiter l'invite à tourner ses regards vers le spectacle du ciel étoilé, des espèces vivantes, bref de l'ordre universel dont il est l'auteur. Oreste ne nie rien de tout cela. Pour lui non plus le dieu de la nature n'est pas en cause, mais, répond-il à Zeus, « tout ton univers ne suffit pas à me donner tort. Tu es le roi des dieux, Jupiter, le roi des pierres et des étoiles, le roi des vagues de la mer. Mais tu n'es pas le roi des hommes. » Le dialogue continue entre le dieu et l'homme : (Jupiter) « Je ne suis pas ton roi ? larve impudente ! Qui donc t'a créé ? » (Oreste) « Toi. Mais il ne fallait pas me créer libre. »

C'est le mot décisif et la formule dramatique parfaite de l'athéisme nietzschéen authentique descendu de la réalité vécue à la littérature de théâtre. Il repose d'ailleurs sur une antique distinction introduite par Aristote, qui n'en tirait d'ailleurs aucune conclusion métaphysique pour ou contre l'existence de Dieu ni contre l'autorité de la loi morale. Avec ce bon sens étonnant qui lui permettait en toute question d'aller droit à l'essentiel, le Philosophe observait simplement qu'il y a dans le monde deux ordres de causes et d'effets selon qu'ils dépendent d'une nature ou d'une volonté. Les opérations de la nature sont déterminées, celles de la volonté sont libres. En fait, l'homme est le seul être connu dont les opérations soient volontaires **23** | et libres. En créant des volontés et des libertés Dieu a donc créé des possibilités de rébellion capables de se dresser contre lui. On pourrait penser aussi qu'en créant des hommes libres, Dieu a créé des êtres capables de l'aimer plus encore que de le servir. Mais Oreste ne se pose pas de questions. Il n'aboutit pas à la rébellion, il en part. Lorsque Jupiter lui dit : « Je t'ai donné la liberté pour me servir », ce qui est un don grevé d'une sérieuse restriction, Oreste répond : « Il se peut, mais elle s'est retournée contre toi et nous n'y pouvons rien, ni l'un ni l'autre. » Encore faut-il un Dieu pour pouvoir se révolter contre lui. Ces athées font beaucoup de bruit autour de quelque chose qui n'existe plus ; ils ne peuvent pas s'en passer ; ils n'arrêtent pas d'en parler[1].

À quel signe saura-t-on que Dieu est réellement mort ? Il le sera quand on aura fini d'en parler. Les morts sont vite

---

1. J.-P. Sartre, *Les Mouches,* III, 2 ; cette scène est le centre de l'œuvre.

oubliés. S'il n'y avait réellement plus de Dieu, un grand écrivain tel que Nietzsche ne déploierait pas pour le prouver un effort d'une violence dangereuse pour la raison. Mais non, on n'entend pas dire seulement : tout le monde sait qu'il n'y a pas de Dieu ; son inexistence n'est pas tenue pour accordée, à tel point qu'on puisse se dispenser désormais d'y penser. C'est pourtant ce qui arrivera lorsque Dieu sera réellement mort ; sa notion même deviendra pour les seuls archéologues un objet de curiosité.

Tel a déjà été le sort de plus d'une notion. Auguste Comte pensait que toutes les notions métaphysiques, c'est-à-dire toutes celles qui ne peuvent être scientifiquement | démontrées, étaient condamnées au même sort. Dans son **24** *Discours sur l'esprit positif,* Comte a suggéré que toutes les opinions sur des problèmes insolubles ne devaient être ni affirmées ni niées, mais simplement laissées de côté, écartées et que la saine philosophie devrait les laisser simplement «tomber en désuétude». Ainsi, faisait-il observer, personne n'a jamais logiquement établi qu'Apollon, Minerve et autres dieux et déesses n'existent pas. La non existence des fées de l'Orient n'a pas non plus été démontrée, mais cela n'a pas retenu l'esprit humain d'abandonner «irrévocablement» ces anciennes croyances aussitôt qu'elles ont cessé de s'accorder avec l'état général des connaissances reçues.

Comte avait raison. Mais, précisément, alors qu'il serait ridicule de démontrer que les taches de la lune ne sont pas dues à la présence de Caïn, on ne voit rien d'absurde à entreprendre de démontrer que Dieu n'existe pas. On sait que Napoléon 1er est mort, Dieu, c'est moins sûr. Le seul fait que tant d'hommes croient encore utile de faire profession d'athéisme et de justifier leur incroyance par des

arguments tels, par exemple, que l'existence du mal, fait
assez voir que la question reste encore vivante. Si la mort de
Dieu signifie sa mort finale et définitive dans les esprits des
hommes, la vitalité persistante de l'athéisme constitue pour
l'athéisme même sa plus sérieuse difficulté. Dieu ne sera
mort dans les esprits que lorsque nul ne pensera plus à nier
son existence. En attendant que l'athéisme finisse avec
lui, la mort de Dieu reste un bruit qui attend encore
confirmation.

25 | L'ATHÉISME D'INDIFFÉRENCE

Il est plus difficile qu'on ne croit de trouver des athées
de bonne qualité et dignes de l'estime de Nietzsche. Les
vrais athées se considèrent d'ailleurs comme formant
une sorte d'aristocratie : n'en fait pas partie qui veut. La
question reste de toute manière ouverte, car s'il y avait
des preuves indiscutablement concluantes de l'existence
de Dieu, comme il en existe des vérités géométriques, il
n'y aurait pas d'athées ; s'il y en avait que Dieu n'existe
pas, il n'y aurait pas de croyants. C'est pourtant à ceux qui
affirment qu'incombe la charge de la preuve ; ils s'y
emploient de leur mieux, mais l'incroyant refuse le plus
souvent d'écouter.

26 | La Bruyère, qui vivait assez près de la Cour pour
connaître maint libertin, en a fait la remarque en termes
qui s'appliquent aussi bien aux athées de notre siècle
en disant que l'athéisme positif, raisonné et philosophiquement approfondi est difficile à rencontrer : « J'aurais
une extrême curiosité de voir celui qui serait persuadé que
Dieu n'est point : il me dirait du moins la raison invincible

qui a su le convaincre »[1]. Et passant aussitôt à la limite, il ajoutait cette profonde remarque : « L'impossibilité où je suis de prouver que Dieu n'est pas me découvre son existence. »

La Bruyère retourne donc la situation en imposant à l'athée le fardeau de la preuve. Il ne dit pas : me prouve son existence, mais seulement, me la découvre, et dans ces limites la remarque de La Bruyère est digne d'attention. Nous ne disons pas que l'absence de preuves de l'inexistence de Dieu prouve son existence, mais seulement qu'elle invite à penser qu'un fondement, de nature à déterminer, doit expliquer l'absence de démonstrations valides en sens contraires. Ceux qui disent que Dieu n'existe pas sont exactement dans la situation où ils mettent leurs adversaires. On ne prétend pas qu'ils n'aient pas d'arguments à faire valoir en leur faveur mais plutôt, qu'ils ne se soucient guère de faire valoir des arguments quelconques et, surtout, que la question ne retient pas sérieusement leur attention.

C'est ce que La Bruyère semble avoir voulu dire au passage, un peu tranchant de ton mais avec quelle efficace de style ! que « L'athéisme n'est point. » On voit ensuite pourquoi : l'athéisme n'existe pas comme position philosophique rationnellement justifiée.

> Les grands, qui en sont le plus soupçonnés, sont trop paresseux pour décider en leur esprit que Dieu n'est pas ; leur indolence va jusqu'à les rendre froids et indifférents sur cet article si capital, comme sur la nature de leur âme et sur les

1. La Bruyère, *Des Caractères et des mœurs de ce siècle,* éd. G. Servais et A. Rébelliau, Paris, Hachette, 1901 : « Des esprits forts », p. 480.

conséquences d'une vraie religion ; ils ne nient ces choses-là
ni ne les accordent ; ils n'y pensent point[1].

C'est exactement cela : ils n'y pensent point. Mais
cet athéisme d'inattention n'est pas réservé aux mondains
27 | et au commun des hommes. Reportons-nous au passage
d'*Ecce Homo* sur lequel nous avons déjà porté notre attention : « *Dieu, immortalité de l'âme, rédemption, délivrance,*
autant d'idées auxquelles je n'ai jamais consacré ni mon
attention ni mon temps. Même dans ma tendre jeunesse. Je
n'ai peut-être jamais été assez enfant pour le faire ? Je ne
saurais voir dans l'athéisme un résultat, un événement : il
est chez moi instinct naturel. » Une question plus importante à ses yeux que celle du salut de l'homme, chère aux
théologiens, est le régime alimentaire. Que faut-il manger
pour être fort et bien portant ? Après avoir relaté des expé-
riences culinaires plutôt malheureuses, il conclut que
« la meilleure cuisine est celle du Piémont. » On ne veut
pas le nier, mais c'est reléguer la question de l'existence de
Dieu assez bas sur l'échelle des soucis intellectuels. On
prononce le mot Dieu devant Nietzsche, pense-t-on qu'il
va s'interroger sur son existence ? Nullement. « Je suis trop
curieux, » dit-il, « trop sceptique, trop hautain pour accepter
une réponse grossière, une goujaterie à l'égard du penseur.
Ce n'est même, au fond, qu'une grossière interdiction à
notre endroit : Défense de Penser »[2].

Si telle est la réponse spontanée d'un esprit tel que
Nietzsche à la question que pose le mot Dieu, on imagine
facilement combien superficiel est l'athéisme de nombreux

1. *Ibid.*, p. 481.
2. F. Nietzsche, *Ecce Homo,* éd. cit., p. 42.

athées. Je ne prétends pas savoir ce que pensent la majorité d'entre eux, les statistiques font défaut en ces matières, mais pour que la description de l'athéisme des Grands | du **28** royaume tels que les a vus La Bruyère, corresponde si bien à celle que Nietzsche donne de son propre athéisme, en un temps et lieu si différent de la cour de Louis XIV, il faut que le type en soit assez répandu. Les uns n'y pensent pas, les autres entrent en une révolte indignée dès qu'on leur en parle, on ne voit rien dans tout cela qui démente la parole de La Bruyère. Qu'il soit possible ou non de prouver que Dieu n'est pas, on ne peut attendre d'aucun de ces athées qu'il le fasse. Si cela ne suffit pas à nous découvrir son existence, c'en est assez peut-être pour suggérer qu'il n'existe pas de raisons philosophiques invincibles de la nier.

CE QUE LES ATHÉES NOMMENT DIEU

Des diverses branches de la théologie, celle de l'athéisme est la plus confuse. Les choses ont changé depuis Nietzsche, car la formule qu'il a lancée avec tant de succès, au lieu de ne servir de point de ralliement qu'aux athées de tous pays, est devenue la devise d'une nouvelle famille de théologiens. Sans pousser jusque-là, l'hebdomadaire américain *Time* a donné la preuve la plus éclatante possible pour lui que le sujet est d'actualité au moins pour une semaine. La question *Dieu est-il mort?* fait à elle seule tout le sujet de sa couverture pour son numéro du 8 avril 1966. Quand on sait l'importance que *Time* s'attribue et celle, mondiale, qu'il attache aux sujets élus pour illustrer sa couverture, on ne peut douter que la question soit en effet à l'ordre du jour pour l'opinion publique. | Cette couverture **29** avait pourtant quelque chose de particulier. Pour la première fois en 43 ans de publication, la couverture ne consistait qu'en mots sans photographie ni image. Après des mois de recherche, les éditeurs avaient renoncé à trouver «une œuvre d'art suggérant une idée de Dieu contemporaine, d'où ils ont conclu qu'on n'en pouvait trouver aucune représentation appropriée.» Ils satisfaisaient en tout cas leurs lecteurs juifs et ceux des chrétiens qui ont poussé leur formation théologique jusqu'à l'étude de la Théologie négative. On a donc vu pour la première fois la question même de la mort de Dieu remplir à elle seule l'espace occupé d'ordinaire par des célébrités telles que chefs d'État divers, athlètes et étoiles filantes du théâtre ou du cinéma. Jésus Christ aurait jadis convenu à titre de cause célèbre, mais il y a trop longtemps qu'il a été condamné et exécuté[1].

On croit volontiers les éditeurs de *Time* quand ils parlent de l'énorme effort de préparation requis pour les cinq pages intitulées *Vers un Dieu caché*. Certains lecteurs regretteront qu'on ne leur ait pas communiqué les résultats de cette vaste enquête, mais on comprend que la place leur ait manqué pour le faire. De toute manière, les documents retenus par les éditeurs offrent déjà ample matière à réflexion.

---

1. *Time,* 8 avril 1966, p. 60, col. 3. Les enquêteurs ont noté encore un autre genre d'athéisme proche de celui d'inattention, l'athéisme de distraction, celui des gens dont le P. John Courtney Murray dit qu'ils sont «fichtrement trop occupés» (too damn busy) pour avoir le temps de s'occuper de Dieu. On pourrait faire voir que tout cela, et davantage, se trouve déjà noté dans Moïse Maïmonide, dont saint Thomas a repris les raisons à son compte; mais nos contemporains aiment penser qu'ils sont les premiers à se poser les questions; l'ignorance de l'ancien facilite l'illusion qu'on pense du nouveau.

| On y observera d'abord la survivance de la famille 30 d'esprits déjà reconnue par La Bruyère, celle des athées d'indolence ou d'inattention. Elle continue d'accueillir des membres très distingués. M. Claude Lévi-Strauss, professeur d'anthropologie sociale au Collège de France, en est un éminent exemple. « Personnellement, » dit-il avec simplicité, « je ne me suis jamais trouvé confronté avec la notion de Dieu. » Puisqu'il le dit, c'est vrai, mais c'est très curieux. Être un professeur d'anthropologie sociale, avoir bravé fatigues et périls pour étudier les survivants de quelques tribus sauvages en Amazonie, porter soi-même le nom de la tribu de Lévi et ne s'être jamais trouvé confronté avec le Dieu d'Abraham, d'Isaac et de Jacob, c'est un comble de malchance. De toute façon cette expérience personnelle ne peut servir d'argument en faveur d'aucune cause : « J'estime parfaitement possible de passer ma vie dans la certitude que nous n'expliquerons jamais l'univers. » Prenons acte de cette résignation, non sans observer pourtant que le théisme ne consiste peut-être pas principalement, en tout cas pas uniquement, à poser Dieu comme cause de l'univers. Si la notion de création l'explique, elle a bien besoin elle-même d'être expliquée. L'inattention se sent jusque dans le vague des tentatives que ces athéismes naïfs font pour se formuler [1].

Leur naïveté se laisse voir aux arguments philosophiques sur lesquels il leur arrive de se fonder. Comme tout le monde, on s'était fait une certaine idée de Dieu qui permettait d'expliquer certaines choses, quand on s'aperçoit | un jour que l'explication soulève plus de difficultés 31

[1]. Loc. cit., p. 60, col. 3.

qu'elle n'en résout, on l'abandonne. Telle Mme Simone de Beauvoir s'apercevant un jour « qu'il lui était plus facile de penser un monde sans créateur, qu'un créateur chargé de toutes les contradictions du monde »[1].

L'argument vaudrait si le problème de l'existence de Dieu se réduisait à la théodicée et si l'échec de Mme de Beauvoir à le résoudre suffisait à le classer entre les insolubles. Leibniz, qui n'était pas un retardé mental, pensait l'avoir résolu. Thomas d'Aquin pourrait expliquer à ce propos pourquoi le problème est à la fois inévitable et insoluble. Mais là n'est pas la question. On demande seulement de quel poids la décision spéculative personnelle de tel ou tel professeur de philosophie doit peser dans notre propre discussion du problème? On se demande même de quelle unité de poids le professeur dispose pour décider que les arguments en faveur d'un monde sans Dieu pèsent plus lourd que ceux en faveur d'un créateur de ce monde? On sait pourquoi Leibniz s'est engagé dans le dédale de la *Théodicée*; c'est qu'il préférait risquer de s'y perdre plutôt que rester sans raison pour qu'il y ait quelque chose plutôt que rien. Renouvier aimait mieux admettre un Dieu fini plutôt que laisser cette question première sans réponse. D'autres préfèrent la laisser telle, et c'est leur droit, mais on conçoit mal un scrutin de professeurs de philosophie sur le problème et quelle valeur aurait la réponse. En philosophie on ne compte pas les voix, on scrute les explications de 32 vote. Et il est clair | qu'on mélange ici deux questions, car savoir s'il existe un Dieu en est une, et savoir comment concilier son existence avec la nature du monde en est une

1. Loc. cit., p. 61, col. I.

autre ; à ce niveau, les opinions personnelles n'entrent pas dans les données de la question.

Après les professeurs de philosophie, les ministres du culte, dont beaucoup paraissent identifier l'athéisme avec l'absence de pratique religieuse ou, comme on dit, de religion. En disant qu'en 1965, 97 % de la population des États Unis ont professé qu'ils croyaient en l'existence de Dieu, on veut sans doute dire qu'au cours de quelque sondage d'opinion, 97 % des enquêtés ont répondu à la question : croyez-vous qu'il y ait un Dieu? en mettant une croix dans la colonne des « oui », et seulement 3 % dans celle des « non ». Il n'y a là aucune ambiguïté, car si différents qu'aient été leurs motifs, tous ceux qui ont répondu « oui », ont entendu se distinguer de ceux qui nient expressément l'existence de Dieu.

Il en va tout autrement lorsque, s'interrogeant sur la qualité de cette croyance en Dieu, le même enquêteur note que, des 97 % qui ont dit croire en Dieu, « 27 % seulement se sont déclarés profondément religieux »[1]. On vient évidemment de changer de plan. La religion est une vertu ; son intensité dépend d'abord de la notion de Dieu que l'on se forme : tous les dieux n'engagent pas aussi profondément, ni de la même façon, la conscience de ceux dont la raison reconnaît leur existence. Parmi ceux qui se croient profondément religieux, combien | se font illusion sur leurs senti- 33 ments? Au moment de s'inscrire dans cette colonne, le Pharisien répond oui, le Publicain répond non, mais Jésus ne s'y trompe pas. En tout cas, savoir si on est ou non athée et savoir si on est ou non profondément religieux sont des

---

1. Loc. cit., p. 61, col. I.

questions différentes. Si peu qu'il le soit, aucun homme religieux n'est un athée. Aux yeux de Nietzsche, il reste un de ceux qui « ne savent pas que Dieu est mort ».

On change une fois de plus de terrain quand on mesure la profondeur du sentiment religieux à la fréquentation des églises et du culte. Beaucoup de ceux qui s'accusent de tiédeur religieuse le font parce qu'ils ne sont que peu ou pas « pratiquants ». « Plus de 120 millions d'Américains se réclament à présent d'une confession religieuse et une récente enquête Gallup indique que 44 % d'entre eux déclarent assister chaque semaine à des services religieux. » Mais si croire en l'existence d'un Dieu n'est pas nécessairement professer une religion, en professer une n'est pas nécessairement la pratiquer avec l'assiduité qu'elle-même recommande, et la pratiquer assidûment parce qu'on le doit est bien différent de la pratiquer parce qu'on le désire et qu'on l'aime. On conçoit d'ailleurs que la manière de rendre hommage à Dieu, inévitablement contingente et humaine, semble à certains trop riche ou trop pauvre, à quelques-uns même insupportable. Il y a toujours quelque chose qu'on peut apprendre d'un sermon, me disait un jour un vieux prêtre américain : la patience. Si la patience lui échappe, c'est pour la jeune Américaine le moment de laisser une plainte s'échapper de son cœur : « J'aime Dieu, mais je déteste l'Église. » On peut trouver l'Église insupportable sans penser pour autant que Dieu est mort.

34 | Une confusion plus noble, et pourtant répandue, est de tenir pour une profession d'athéisme l'aveu de l'impuissance où l'on se sent de se faire aucune idée de Dieu. Après avoir parlé de croyants qui, se sentant comme égarés, s'adressent à la psychanalyse, à la drogue ou se séparent discrètement de toute église, l'enquêteur de *Time* signale

une génération de jeunes catholiques romains pour qui les dogmes de leur Église ont beaucoup perdu de leur force. Le philosophe Michael Novak, de l'Université Stanford, dit en leur nom : « Je ne comprends pas Dieu et sa manière d'agir. Si, à l'occasion, une prière s'élève de mon cœur, ce n'est vers aucun Dieu que je puisse voir, entendre ou sentir. C'est vers un Dieu situé dans une nuit polaire aussi froide et obscure qu'aucun incroyant en ait jamais connue. » Des hommes d'église même trahissent une incertitude semblable. Le Doyen Épiscopal de la Cathédrale Nationale de Washington, Francis B. Sayre dit être « en une certaine confusion sur ce que Dieu est » ; puis il ajoute : « mais le reste de l'Amérique l'est aussi »[1].

Il semble donc qu'on ne puisse poser le problème de la mort de Dieu sans finir par s'interroger sur sa nature. On a dit beaucoup de mal des théologiens scolastiques, d'ailleurs sans toujours les lire, mais il faut leur reconnaître au moins le mérite de s'être lus les uns les autres, ce qui est remarquable pour un temps où le livre imprimé n'existait pas. Ils commençaient par faire le point de la question : quelle est-elle au juste ? quelles opinions a-t-on | déjà formulées **35** à ce sujet ? sur quelles raisons se fondent-elles et que devons-nous en penser nous-mêmes ? Cette tradition s'est perdue depuis le XVIe siècle avec des résultats qu'on aurait pu prévoir. Après la génération de ceux qui peuvent se permettre de mépriser le savoir accumulé avant eux, parce qu'ils le possèdent, viennent celles des successeurs qui errent à l'aventure ou perdent leur temps à le redécouvrir en croyant l'inventer. On croit aujourd'hui s'éloigner de Dieu

1. *Time*, 8 avril 1966, p. 60, col. 1-2.

parce qu'on ne peut s'en former aucune notion, alors qu'en fait c'est signe qu'on vient de le redécouvrir. Lorsqu'il dit : « *I am confused as to what God is* », il répète sans le savoir les mots dont saint Thomas d'Aquin s'est servi, dans son commentaire sur le Livre des Sentences, pour décrire celui qui, progressant dans la connaissance de ce que Dieu n'est pas, se trouve réduit à dire de Dieu qu'il est, et rien de plus *(et nihil amplius)*, sur quoi il lui vient à l'esprit que le mot *est* lui-même s'applique mal à Dieu, puisque nous ne pouvons nous représenter que l'être sensible d'objets finis. Thomas se trouve alors dans la même situation que le Doyen Épiscopal de la Cathédrale de Washington, D.C. Il se trouve *in quadam confusione*. Tant qu'ils resteront en sa compagnie, le Doyen et « le reste de l'Amérique » ne pourront passer pour contaminés, si légèrement que ce soit, par l'épidémie de la Mort de Dieu[1].

Dire que l'ignorance théologique est responsable de 36 l'effacement progressif de l'idée de Dieu expose à | passer pour un intellectuel prétentieux. Il se trouve seulement qu'un occidental qui parle de Dieu a derrière lui vingt-quatre siècles de méditation et de discussion dont il est sage de tenir compte. On éviterait ainsi le sentiment de désarroi qu'éprouvent les théologiens un peu perdus dans ce qui n'est plus pour eux qu'un terrain vague. Le cas du Doyen de Washington est simple : on devrait lui prescrire la lecture de Grégoire de Nysse, à quoi nul ne semble avoir pensé.

---

1. *Time*, Loc. cit., p. 61, col. 2. *Cf.* Thomas d'Aquin, *In I Sent.,* d. 8, a. I, ad 4^{m}., éd. P. Mandonnet, vol. I, p. 196.

ESSAIS D'ATHÉISME SCIENTISTE

On a dit que l'agent de sécularisation des esprits le plus moderne est la science [1], et c'est vrai, mais en quel sens ?

Éliminons d'abord de la discussion les conflits bien connus entre science et mythologie ; ce ne sont pas des conflits entre science et religion. Les mythologies sont un phénomène inévitable, la science même a les siennes. Ce sont des explications imaginaires de la réalité, qui doivent être à quelque degré vraisemblables et que la raison admet provisoirement en attendant mieux.

L'homme ne pense pas sans images ; même s'il pense à quelque objet dont la nature échappe à l'imagination, il en formera une image. Les premiers Chrétiens ont dû combattre le panthéon gréco-romain parce que son culte | était une adoration des « faux-dieux » et faisait obstacle 37 à la reconnaissance du « vrai Dieu », mais même ces Chrétiens ne prétendaient pas que les faux dieux n'existaient pas ; au contraire ils les identifiaient avec ce qu'eux-mêmes nommaient les démons. À la distance où nous sommes de la querelle, nous ne sommes pas obligés de prendre parti, d'autant plus que les dieux de la mythologie, eux, sont vraiment morts. Ils sont devenus des personnages pour Offenbach et J.-P. Sartre. Il faut pourtant dire qu'un élément de vraie piété religieuse doit être entré dans la composition de l'adoration païenne des idoles. Les philosophes grecs n'ont pourtant pas attendu le Christianisme pour dénoncer l'immoralité des fables que les Anciens racontaient au sujet de leurs dieux ; ce Jupiter qui battait sa

1. *Time,* op. cit., p. 62, col. 3.

femme était un personnage de comédie. Le Dieu chrétien est bien différent, mais il reste et restera toujours un élément mythologique dans notre manière de nous représenter un être dont l'essence transcende la nature et par là même défie l'imagination. C'est aux théologiens de régler le problème des « noms divins », mais le fait même qu'il se pose suffit à faire voir qu'un minimum de représentation mythologique est inévitable, car on ne peut nommer Dieu sans l'imaginer ni l'imaginer sans le mythologiser.

Tout ce que la science peut faire à cet égard est de rajeunir nos mythologies, la vraie foi religieuse elle-même ne s'intéresse pas à ces opérations. Les esprits religieux se sont accoutumés à penser que les révolutions scientifiques ne concernent en rien la vérité religieuse. Que le monde de la création soit celui de Ptolémée, de Galilée, de Descartes, **38** de Newton, de Darwin, d'Einstein | en attendant de devenir celui de quelque autre, la conscience religieuse n'a pas à s'en soucier. Instruit par tant de crises, le croyant tant soit peu instruit s'est accoutumé à l'idée que l'univers que Dieu a créé est celui de la science, dans la mesure du moins où ce dernier est aussi l'univers réel. Qu'il y ait aujourd'hui encore des chrétiens physiciens, biologistes et savants de tout ordre ne prouve rien en faveur de la religion mais permet au moins d'affirmer que l'esprit scientifique n'exclut pas l'assentiment à l'idée de Dieu.

Il n'en est pas de même du scientisme, qui consiste à ne rien admettre (en principe) qui ne soit scientifiquement démontré ou démontrable par les méthodes de la physique mathématique, c'est-à-dire par l'expérience et la raison. Tous les savants ne sont pas des scientistes, tous les scientistes ne sont pas des savants, mais il est incontestable que la simple existence de la science, représentée aux yeux de tous par les succès pratiques spectaculaires qu'elle accumule, suffit à répandre en beaucoup d'esprits un sentiment d'indifférence dédaigneuse pour toute proposition dont on ne peut penser qu'elle est, au moins dans la pensée de certains, scientifiquement démontrée.

L'explication de la mort de Dieu qui requiert présentement notre attention me semble fort bien résumée dans la proposition du théologien anglican David Jenkins : « Le prestige de la science est si grand que ses étalons se sont introduits dans les autres domaines de la vie ; en effet la connaissance est devenue pour nous ce qui peut être connu par l'étude scientifique, et ce qui ne peut être connu de cette façon nous paraît en quelque | sorte sans intérêt, irréel. » **39** Aux âges qui ont précédé le nôtre, c'était l'homme à idées, prêtre ou philosophe, en qui on voyait la source de la sagesse. Aujourd'hui, le Sage serait plutôt quelque autorité « familière avec les méthodes d'observation des phénomènes, un homme fondant ses propos sur un corps de connaissances qui repose sur l'observation et l'expérimentation, continuellement vérifié par de nouvelles opérations et de nouvelles observations »[1].

Bref le prestige de la science expérimentale a progressivement mis hors d'usage les idées abstraites et invérifiables par l'expérience dont se contentent nécessairement les théologiens.

On ne peut rien dire de plus juste, mais rien non plus de plus étranger au problème de l'athéisme. Les perspectives de la science ne doivent pas faire oublier celles de l'histoire. Dieu vit dans des consciences humaines depuis des siècles

---

1. *Time,* op. cit., p. 62, col. 3 ; p. 63, col. 1.

et pour d'innombrables foules qui n'ont jamais rien su de la science moderne, il y vit encore dans la pensée d'un certain nombre d'hommes, moindre il est vrai mais digne d'attention, qui sont familiers avec les méthodes et l'esprit de la science moderne. Les deux domaines sont si distincts, non seulement en droit mais en fait, qu'on a peine à concevoir comment le progrès sans cesse accéléré des sciences pourrait avoir pour effet de rendre étrangère aux esprits la notion de Dieu et la croyance en son existence. Il y a eu au moins un théologien doué d'un amour sincère et actif de **40** la recherche scientifique, Albert le | Grand, mais même lui se considérait comme étant essentiellement un théologien, non un savant. Les autres théologiens célèbres n'ont jamais prétendu être autre chose. Certains ont étudié la science de leur temps, comme ils avaient droit et devoir de faire, en tout cas pas un d'entre eux n'a prétendu fonder sa religion sur sa philosophie ni même sur sa théologie. C'est Dieu sur qui philosophie, théologie et religion se fondent. Il a fallu qu'une confusion se produisît entre la notion de Dieu et les spéculations qui n'ont cessé de pulluler autour de son existence pour que leur dévalorisation par la science devînt d'abord une menace, puis un fait.

L'ATHÉISME PROLÉTARIEN

L'intrusion du marxisme dans l'histoire de la philosophie requiert un acte d'attention particulier, car il n'est pas une philosophie bien qu'il soit de son essence de vouloir passer pour en être une. Marx ne n'est pas contenté de nier l'existence de Dieu, il a voulu supprimer effectivement dans les esprits la croyance à son existence. Il y allait pour lui de tout, et d'abord, Juif lui-même, de faire qu'il n'y eût plus de peuple juif. La première condition pour que l'opération réussisse est manifestement de supprimer le redoutable Dieu des Juifs créateur d'un peuple qui, quoi qu'il en ait, n'existe que par Lui et pour Lui. L'athéisme de Marx est avant tout le meurtre de Jéhovah, qui ne fait qu'un avec le meurtre de Dieu. Quand il n'y aura plus de Dieu, il n'y aura plus de religions, ni de | Juifs et de non Juifs. Débarrassé **41** d'une vocation non sollicitée qui pèse sur lui comme une malédiction, Israël redeviendra enfin un peuple comme tous les autres, un peuple libre.

Tuer qui que ce soit n'est pas un acte philosophique, car la philosophie se situe dans la ligne du connaître, mais Marx était avant tout un révolutionnaire hanté par le désir d'aider Israël à satisfaire son aspiration la plus profonde, cesser d'exister. Ce qu'il y a en lui de spéculation est entièrement tourné vers la *praxis* et dominé par elle. La pensée n'est légitime à ses yeux que comme un moyen de l'action. De là sa parole justement célèbre : « Les philosophes n'ont fait jusqu'ici qu'interpréter le monde de diverses manières. Il s'agit maintenant de le transformer » [1].

L'idée de Dieu reçoit ainsi un nouveau statut, non plus spéculatif mais pratique. Il ne s'agit plus de savoir si elle est vraie, mais si elle facilite ou gêne la révolution que Marx

---

1. K. Marx, « Thèses sur Feuerbach », XI, dans *F. Engels et la fin de la philosophie classique,* Paris, Les Revues, p. 145. – En vue de ce qui va être dit, on notera la thèse X : « La base de l'ancien matérialisme est la société "bourgeoise". La base du nouveau matérialisme est la société humaine, ou l'humanité socialisée ». À première vue, il paraîtrait suivre de là que, comme doctrine philosophique, le matérialisme n'a aucun lien particulier avec aucune forme de société.

se propose d'effectuer. Révolution nécessaire car il y aura
un Dieu tant qu'il n'y aura pas eu de révolution prolétarienne et il n'y aura pas de révolution prolétarienne tant
qu'il restera un Dieu. L'opération à effectuer intéresse donc
directement la vie sociale, et puisque « la vie sociale est
essentiellement pratique », la décision | révolutionnaire que
42 Dieu n'existe pas ne relève pas de la spéculation mais de
l'action.

On pourrait dire que le marxisme n'intéresse pas la
philosophie, car cette décision se prend hors du philosophe,
dans un ordre qui le dépasse, ou qu'il dépasse et auquel de
toute manière il ne peut rien. On peut fermer les églises,
exiler les fidèles et tuer les prêtres, mais on ne voit pas
quel sens « philosophique » donner à ces actes. La décision
même de faire de la philosophie une *praxis* ne résulte pas
d'une réflexion philosophique. Si la révolution prolétarienne est nécessaire, il faut que Dieu s'efface des consciences et aucune philosophie n'y pourra rien.

Ce que l'on nomme philosophie marxiste n'est que ce
que les praticiens du marxisme estiment utile en fait de
théorie pour assurer l'efficace de l'action. L'idée d'exa-
miner une telle théorie pour la réfuter serait absurde. Une
doctrine dont l'efficace pratique fait toute la vérité est
imperméable à l'argument. Le philosophe se demande s'il
est *vrai* qu'il y ait un Dieu, il ne trouve pas dans le marxiste
un interlocuteur pour le suivre sur ce terrain. La philosophie
marxiste est avant tout un guide pour l'action, un instru-
ment du prolétariat ; armé de la théorie révolutionnaire, le
prolétariat devient un combattant intrépide pour la réalisa-
tion des idéaux marxistes, donc de l'humanité marxiste
tout entière. C'est pourquoi dès l'apparition du marxisme
une tâche historique importante s'est imposée : allier la

théorie socialiste marxiste au mouvement prolétarien ;
allier l'arme spirituelle théorique à la force matérielle
capable d'employer cette arme, c'est-à-dire au prolétariat,
au peuple[1].

| Toute critique philosophique du marxisme, même sous **43**
sa forme léniniste, est donc vaine. La notion de prolétariat
elle-même, conçue comme une entité distincte des prolé-
taires, est fondée sur une volonté d'action révolutionnaire.
Celle d'une histoire de la philosophie réduite à une lutte
inexpiable entre matérialisme et idéalisme, est un autre
mythe, d'autant plus remarquable, celui-là, qu'il n'y a
eu que bien peu de philosophies matérialistes et que le
marxisme lui-même, qui est un matérialisme, se donne pour
une transposition de l'idéalisme hégélien[2].

C'est pourtant un mythe utile, car il permet de mani-
puler l'histoire à toutes fins utiles. Un marxiste contemporain cite comme parole d'Engels, qu'on peut « poser le

1. G. Yakhot, *Qu'est-ce que le matérialisme dialectique?,* Éditions du
Progrès, Moscou, s.d., p. 46. En italiques dans le texte.

2. « Hegel fonda l'idéalisme objectif. L'idée absolue, l'esprit universel,
pensait-il, est à la base de la nature et de la société… L'idée absolue est le
démiurge (créateur) de la réalité, cette dernière n'étant qu'une manifestation
extérieure de l'idée. Vous avez certainement remarqué que ce faisant Hegel
expose en fait sous une forme camouflée l'idée religieuse de la création du
monde par Dieu. » dans G. Yakhot, *Qu'est-ce que le matérialisme dialectique?,*
op. cit., p. 35-36. On pourra voir, p. 37, comment « la méthode dialectique de
Hegel », qui « s'est trahie elle-même en faveur de son système métaphysique »
et a finalement engendré l'impérialisme germanique est néanmoins devenue
une des sources théoriques du marxisme ». Transformer un idéalisme en matérialisme pour justifier une révolution sociale n'est pas une opération philosophique, c'est un coup de force. On observera seulement qu'il est difficile de
considérer comme totalement inconciliables deux notions philosophiques dont
l'une peut « exercer une influence énorme » sur le développement de l'autre.

problème fondamental de la philosophie de cette manière : le monde a-t-il été créé par Dieu ou existe-t-il de toute éternité ? Les matérialistes et les idéalistes donnent des réponses qui s'excluent »[1]. Mais Thomas d'Aquin ne voyait 44 aucune contradiction dans la notion d'un monde | créé par Dieu de toute éternité. L'alternative idéalisme/matérialisme n'entre pas dans les données du problème. Peu importe au marxisme. Lénine disait que l'idéalisme a été créé pour défendre la religion[2] ; le marxisme ne fait qu'user de représailles en créant le matérialisme pour la ruiner.

Il n'est pas inutile de suivre quelques argumentations marxistes pour s'assurer de leur nature. Tenant l'éternité du monde pour accordée, le marxisme-léninisme infère que, selon le matérialisme, « la matière, la nature, ont toujours existé. » Si nul n'a créé la matière, « l'évolution du monde ne laisse aucune place à une force divine suprême. Dieu est superflu, le monde évolue éternellement sans son intervention. C'est ainsi que le matérialisme conduit à la négation de Dieu. Il se rattache inévitablement à l'athéisme. Le matérialiste est en même temps athée. » On se demande ce qu'en dirait Tertullien selon qui, s'ils ne sont des corps, Dieu et l'âme ne sont rien : *nihil enim, si non corpus*. Mais ce sont là des scrupules historiques bourgeois, car qui donc profite des thèmes de l'idéalisme « si ce ne sont les capitalistes et les exploiteurs ? Ce faisant, l'idéalisme soutient tout ce qui est réactionnaire et périmé, depuis les exploiteurs jusqu'à la religion »[3].

---

1. G. Yahkot, *Qu'est-ce que le matérialisme dialectique ?*, p. 14.
2. *Ibid.*
3. *Ibid.*, p. 15.

On est désarmé contre un si parfait arbitraire historique dont il faut bien dire qu'il est un total mépris des faits. Platon était-il un capitaliste bourgeois? On nous assure que « toute philosophie exprime des intérêts de | classe bien 45 déterminés »,[1] comment donc expliquer les interminables oppositions philosophiques à l'intérieur du corps enseignant du moyen âge, dont tous les membres appartenaient à la même classe? Comment expliquer que la philosophie du citoyen grec Aristote soit substantiellement la même que celle du juif Maïmonide, puis de l'arabe d'Espagne Averroès seize siècles plus tard et encore, pour faire court, que celle de Jacques Maritain écrivain chrétien de notre temps? S'il est une évidence massive, c'est au contraire que des thèses philosophiques fondamentales ont pu traverser des millénaires comme si la vérité de la philosophie était indifférente à l'état social des philosophes. L'empereur romain Marc-Aurèle professe la philosophie de l'esclave grec Épictète. On croit rêver en lisant le récit d'une histoire où tous les philosophes sont pris dans une lutte inexpiable entre deux partis, car en tant que « la lutte entre le matérialisme et l'idéalisme est l'expression de la lutte des classes... il ne saurait y avoir de philosophes neutres n'adhérant à aucun des deux camps. » Ceux qui prétendent s'établir entre les deux camps sont les pires adversaires du marxisme puisqu'ils nient l'existence de la lutte même en quoi il consiste. Leur hérésie, le révisionnisme est une déformation du marxisme « dont il révise les principales thèses pour les adapter aux intérêts de la bourgeoisie »[2]. Ce

1. *Ibid.*, p. 17.
2. *Ibid.*, p. 16, note.

dogmatisme est invulnérable aux objections spéculatives parce qu'il est essentiellement un plan d'action.

46 | Le marxisme nous laisse en présence d'un athéisme simple : dire qu'il y a un Dieu est travailler pour la bourgeoisie, dire qu'il n'y a pas de Dieu est travailler pour le prolétariat, or nous voulons travailler pour le prolétariat, donc il n'y a pas de Dieu. La position est cohérente, elle est seulement, comme on disait jadis, *extranea philosophiae*. Cela ne prouve pas qu'elle soit fausse, mais, d'abord, nous n'avons aucun moyen philosophique de savoir si elle est vraie et, ensuite, la vérité dans l'ordre pratique étant liée au succès de l'action, il sera impossible de juger des données du problème tant que l'Internationale prolétarienne n'est pas encore devenue le Genre Humain. En attendant que ce jour soit venu, la seule existence d'un puissant État officiellement et activement athée prouve que Dieu reste pour lui une très résistante réalité. Le Dieu du bourgeois capitaliste François d'Assise n'est pas encore mort ; s'il l'est, le musée moscovite de l'athéisme est le seul musée du monde consacré à quelque chose qui n'existe pas.

LE CŒUR DU PROBLÈME

Les efforts de l'état marxiste pour extirper des esprits la notion de Dieu, et leur échec, sont doublement significatifs. Ils attestent une remarquable permanence de l'idée de Dieu et la remarquable résistance qu'elle oppose aux forces qui tentent de la détruire. Cette résistivité de l'idée est le cœur du problème, car elle est un fait qui veut être expliqué.

47 | L'athée dénonce volontiers l'insuffisance des preuves de l'existence de Dieu, et il n'en manque pas d'insuffisantes, mais toutes témoignent de la même vérité, qui est que si le théisme a ses difficultés, l'athéisme a les siennes, dont la principale est l'existence de l'athéisme lui-même. Car on en parle beaucoup, on lui consacre livres sur livres, on a même publié une encyclopédie consacrée au problème de l'inexistence de Dieu. Si on y pense, c'est un phénomène extraordinaire. Dieu est le seul être dont d'innombrables écrivains, philosophes, sociologues ou économistes s'attachent à démontrer l'inexistence. En principe, si on était sûr qu'il n'y a pas de Dieu, on ne perdrait pas tant de temps et d'argent à le démontrer.

Il est d'ailleurs remarquable que lorsqu'elles se formulent dans leur sincérité naïve, les professions de foi d'athéisme trahissent souvent la présence d'une obscure croyance à la survie de ce mort. Dans une notice nécrologique consacrée à l'écrivain Jean Schlumberger, le journal *Le Monde* (27/28 octobre 1968) croit devoir stipuler, comme chose remarquable, non seulement qu'il est mort incroyant, mais, comme si cela n'allait pas de soi, sans en éprouver d'inquiétude : « Jean Schlumberger attendait la mort depuis longtemps. Avec le regret de quitter la vie et de renoncer à ses projets littéraires, notamment à un Anti-Pascal. Mais avec la pleine sérénité qui lui donnait sa tranquille incroyance. » Si son incroyance était si tranquille, pourquoi Schlumberger se souciait-il d'écrire un Anti-Pascal ? S'il est permis d'opposer une expérience personnelle à une autre, je dirai de ma propre croyance qu'elle est si assurée que l'idée ne me viendrait jamais d'écrire un anti-Voltaire pour faire contrepoids aux remarques | du grand moqueur sur les *Pensées,* ni un anti-Valéry **48** pour défendre Pascal contre les amertumes de Monsieur Teste[1]. La vanité de telles entreprises est tellement certaine qu'on se demande comment des gens, pour qui l'inexistence de Dieu est certaine, non seulement continuent d'y penser, mais encore éprouvent le besoin d'en ruiner la croyance dans l'esprit d'autrui.

Le véritable athée, s'il existe, ne nie pas l'existence Dieu, il n'y pense plus. L'insuffisance des preuves de son existence le laisse d'autant plus indifférent que lui-même est plus sûr de son inexistence. La naïveté des représentations que se font de Dieu ceux qui croient en lui ne le gêne **49** pas davantage : qu'importe la manière de se | représenter

---

1. Et Valéry lui-même : « *Mystique. Discours de Dieu. – Je ne suis que ton Dieu* – dit cette voix que je ne reconnus pas. Car je connais ma voix intérieure, et celle-ci était intérieure mais non pas du tout la mienne. Mais que veut dire… Mienne ? *Je ne suis que ton Dieu,* dit cette voix et il n'y a presque rien entre nous. Je te parle à ton oreille intime, dans l'épaisseur de ton arrière masque, à ta place ordinaire et inexpugnable. Que veux-tu qui puisse s'être logé au centre de toutes choses, TOI, si ce n'est *Celui que je suis.* Nous sommes ENTRE NOUS et il n'y a point de niaiseries, de mystères ni de miracles *entre nous.* Toute cette littérature, ces histoires invraisemblables, ces preuves de mon existence !! Cette imagerie, ces logomachies, ces jaculations, ces illuminations, ces fabrications de larmes… tout ce matériel de paroles vides, de sensations bizarres. Moi, ton Dieu, je m'en fous. Je ne veux pas de leurs épithètes – de leur Infini, de leur Parfait, de leur Pur Esprit… Car ils n'entendent pas ce qu'ils profèrent, et si les mots leur manquent, je leur manque du coup. N'est-ce pas me nier que de me prendre pour des mots. *Je suis Celui qui suis* – voilà la seule formule qui ne dise absolument rien et qui dit absolument tout. Et tu peux t'en servir aussi et la prendre pour ton usage, et c'est pourquoi c'est la bonne formule, et c'est pourquoi il n'y a presque rien entre nous. » E. de La Rochefoucauld, *En lisant Paul Valéry,* Tomes 21 à 29 (1938 à 1945), Éditions universitaires, Paris, 1967 ; t. III, p. 189-190. Ce fragment est daté de 1943. Il serait difficile de commenter ce texte sans en majorer la portée religieuse ; Paul Valéry seul avait qualité pour le faire et je ne sache pas qu'il l'ait fait.

quelque chose ou quelqu'un qui n'existe pas ? Le curieux est plutôt qu'en l'absence de toute preuve de son existence, la certitude intime qu'il existe vive encore en tant de cœurs.

On n'est d'ailleurs jamais sûr qu'il soit mort dans un cœur où il a une fois vécu. La croyance survit en des esprits qui s'en croient définitivement affranchis. Ils en sont les premiers surpris, comme on peut le voir au témoignage de Benjamin Constant dans une lettre où il se montre observant lui-même une résurrection de ce genre :

> Comme vous savez, je ne suis plus ce philosophe intrépide, sûr qu'il n'y a rien après ce monde, et tellement content de ce monde qu'il se réjouit de ce qu'il n'y en a pas d'autre. Mon ouvrage (l'histoire du polythéisme) est une singulière preuve de ce que dit Bacon, qu'un peu de science mène à l'athéisme, et plus de science à la religion. C'est positivement en approfondissant les faits, en en recueillant de toutes parts, et en me heurtant contre les difficultés sans nombre qu'ils opposent à l'incrédulité, que je me suis vu forcé de reculer dans les idées religieuses. Je l'ai fait certainement de bien bonne foi, car chaque pas rétrograde m'a coûté. Encore à présent toutes mes habitudes et tous mes souvenirs sont philosophiques, et je défends poste après poste tout ce que la religion reconquiert sur moi. Il y a même un sacrifice d'amour-propre, car il est difficile, je pense, de trouver une logique plus serrée que celle dont je m'étais servi pour attaquer toutes les opinions de ce genre. Mon livre n'avait que le défaut d'aller dans le sens opposé à ce qui, à présent, me paraît vrai et bon, et j'aurais eu un succès de parti indubitable. J'aurais pu même avoir encore un autre succès. | Car avec de très légères inclinaisons, j'en **50** aurais fait ce qu'on aime le mieux à présent, un système d'athéisme pour les gens comme il faut, un manifeste contre les prêtres, et le tout combiné avec l'aveu qu'il faut, pour le

peuple, de certaines fables, aveu qui satisfait à la fois le
pouvoir et la vanité [1].

Le témoignage de Constant n'est pas invoqué ici à des
fins apologétiques. Comme celles des illustres convertis
que rien de conscient ne préparait à leur conversion, et que
nous ne citons pas parce que l'expérience de ces privilégiés
de la grâce est intransmissible, l'aventure de Constant lui
est strictement personnelle, mais elle a en même temps une
valeur exemplaire. Elle illustre la résistance naturelle que
l'idée de Dieu oppose aux négations les plus réfléchies, elle
semble se maintenir en vie par ses propres forces, sans le
secours d'aucune démonstration.

Constant n'est pas un témoin de haute qualité philosophique, mais dans le monde des philosophes Kant est un
nom universellement respecté. Il reste un exemple éminent
de ce que lui-même considérait comme la première vertu
chez un philosophe, le sérieux, entendant par là l'habitude
de ne jamais tricher avec les idées mais de toujours en
respecter strictement les exigences et de s'incliner devant
elles sans biaiser. Son attitude devant notre problème n'en
est que plus remarquable. S'étant demandé dans la *Critique
de la raison pure* si la raison spéculative peut établir
51 l'existence d'un être qui échappe doublement | à l'expé-
rience sensible, Kant avait conclu par la négative. Il l'avait
fait avec regret, mais sans équivoque possible. Puisque la

---

1. Je dois ma connaissance de ce remarquable témoignage à l'excellent
petit livre de Henri Gouhier, de l'Institut, *Benjamin Constant,* Desclée de
Brouwer, Paris, 1967, p. 137-138. Cf. *Lettres à un ami,* par B. Constant et
Mme de Staël, Introduction et notes par J. Mistler, Neuchâtel, La Baconnière,
1948, p. 194-195.

démonstration d'aucune conclusion métaphysique n'est possible, celle de l'existence de Dieu ne l'est pas. Ce qu'il y a de remarquable dans le cas de Kant est qu'après avoir atteint cette conclusion, il resta aussi certain de l'existence de Dieu qu'il l'avait jamais été. La preuve que Dieu est indémontrable ne fit pas de lui un athée. Au contraire, comme s'il n'avait vidé sa poche droite que pour remplir sa poche gauche, Kant écrivit alors sa *Critique de la raison pratique* pour établir que cette conclusion indémontrable n'en était pas moins vraie. Elle est vraie, on s'en souvient, comme un postulat, parce qu'autrement le caractère nécessaire du devoir moral, qui pour Kant est un fait, ne serait pas possible.

Je ne pense pas que Kant se contredisait. Au contraire, j'aimerais souligner avec quelle obstination Kant rappelle que les conclusions de la deuxième critique laissent intactes celles de la première. Pourquoi Kant est-il encore sûr qu'il existe un Dieu après avoir établi que la raison théorique est incapable de prouver son existence? Car on ne peut douter que la première *Critique* et ses conclusions restent intactes. On peut relire sur ce point le chapitre central de la *Critique de la Raison pratique*, I, 2, 7 : «Comment est-il possible de concevoir une extension de la raison pure du point de vue pratique sans étendre en même temps sa connaissance du point de vue spéculatif?» En effet, comment réussir une telle opération? Avant la deuxième *Critique*, je ne sais pas encore qu'il existe un Dieu ; je sais même que je ne puis démontrer son | existence. Après la deuxième *Critique*, je **52** sais avec une certitude absolue qu'il existe un Dieu, et je peux dire pourquoi. De quelque manière que je l'obtienne, une certitude de la raison pratique est, par définition, une certitude rationnelle. La foi rationnelle, comme Kant l'appelle, ne peut pas étendre notre savoir dans l'ordre spéculatif, sauf en ceci qu'elle l'enrichit d'une certitude. On ne saurait mieux faire voir que la certitude de l'existence de Dieu précède la démonstration de l'impossibilité de démontrer son existence, et survit, intacte, à la démonstration de cette impossibilité. Jamais plus brillant hommage ne fut rendu à l'indestructibilité rationnelle d'une notion dont la certitude intrinsèque n'est en rien affectée par la démonstration de son indémontrabilité.

Cette indestructibilité de la notion de Dieu dans l'esprit est l'obstacle le plus difficile à franchir sur la voie d'un athéisme réfléchi. Il nous aide à comprendre qu'ici logique, dialectique et critique ne peuvent avoir le dernier mot, parce qu'elles n'ont pas le premier. Il est légitime que l'homme cherche une justification rationnelle de sa croyance spontanée qu'il existe un Dieu, mais puisque cette croyance est déjà là, elle est indépendante de ces justifications. Il semble qu'elle soit leur cause plutôt que leur effet.

L'IDÉE DE DIEU

Saint Augustin distinguait trois sources de la notion de Dieu : les poètes, la Cité et les philosophes. Aujourd'hui, 53 | l'occidental vit dans une société où la notion de Dieu lui vient de tous côtés, famille, école, littérature, langage même, et n'oublions pas la propagande très efficace que fait en sa faveur l'athéisme militant de l'État marxiste, en Russie et indirectement dans le monde entier. Savoir si un être humain né et élevé dans un isolement complet concevrait seul cette idée est une question dénuée de sens, car il n'existe pas de tel homme et, s'il existait, comment pourrions-nous communiquer avec lui ? Il est de fait que l'homme, animal social, trouve la notion d'un être et d'un pouvoir divin déjà présents dans la société où il vit, dès le moment où il a conscience de lui appartenir. Cette semence, même si elle n'est d'abord qu'un sentiment extrêmement confus, est l'origine et la substance de ce qui deviendra la notion de Dieu dans l'esprit des philosophes aussi bien que des simples croyants. Qu'elle naisse d'une réflexion rationnelle, d'une sorte d'opinion publique religieuse ou d'une révélation tenue pour surnaturelle, toute l'information ultérieure sur la divinité s'agrégera à ce sentiment religieux élémentaire et premier.

Ces remarques n'impliquent aucune réponse particulière à la question : comment les hommes rencontrent-ils, en fait et dans chaque cas particulier, cette notion élémentaire ? Certains assurent qu'ils ont vu Dieu, ou, sinon vu, du moins rencontré, ne serait-ce que dans une nuée, comme Moïse a vu Yahweh ; d'autres disent que Dieu leur a parlé, disant des choses qu'ils ne peuvent redire ; mais la plupart le découvrent simplement dans le spectacle de l'univers et dans la conscience de leurs propres âmes, marques visibles de son pouvoir créateur. C'était un lieu commun chez les Pères de l'Église, suivant en cela saint | Paul, que Dieu a laissé sa marque sur son ouvrage et qu'il 54 est pour l'homme inexcusable de prétendre qu'il en ignore l'existence. La plus claire de ces marques est l'homme même avec son intelligence et sa volonté.

Chacune de ces réponses est valide en son ordre, mais elles soulèvent toutes quelques difficultés. Dans le cas des privilégiés qui prétendent avoir vu Dieu, ou lui avoir parlé, ou simplement avoir perçu sa présence de manière quelconque, nous ne pouvons que les croire, mais cette

croyance est très différente de ce que serait l'expérience
même à laquelle nous acceptons de croire. Quant à la
réponse, inspirée de l'Apôtre, que les hommes ont connu
Dieu par le spectacle de sa création, elle peut être vraie,
mais elle laisse sans réponse la question qui se pose au
philosophe : comment, sans quelque notion ou sentiment
préexistants de la divinité, l'homme peut-il former la
notion d'une cause de nature si différente de celle de
ses propres effets ? L'Évhémérisme dit que les premiers
dieux ont été des hommes divinisés par d'autres hommes,
mais la difficulté subsiste, car la question est de savoir
comment des hommes ont pu en concevoir d'autres sous la
forme d'êtres si différents des humains et que l'on nomme
des dieux. Si j'ai une idée de Dieu, je peux comprendre
la proposition d'Évhémère, je peux concevoir les dieux
comme autant de surhommes, mais la vraie question
est de savoir comment et pourquoi, ne connaissant que
des hommes, on imaginerait certains d'entre eux comme
des dieux ?

Il y a dans cette opération quelque chose de mystérieux.
Elle implique la présence à l'esprit d'une notion dont le
55 modèle n'est nulle part fourni par l'expérience. | Que les
hommes aient tous une certaine idée du soleil, de la lune, de
la terre avec ses plaines, montagnes et cours d'eau, ce n'est
pas mystérieux. On rencontre partout une notion du soleil
parce qu'il existe et que tous peuvent le voir. Le premier
problème que pose la présence de l'idée de Dieu dans la
pensée est de savoir d'où elle vient, puisque nul n'a jamais
vu Dieu, ni même un dieu. Nous ne savons même pas à quoi
un être devrait ressembler pour avoir l'air d'un dieu.

De ce point de vue la remarque de La Bruyère prend
tout son sens. Ce n'était ni un paradoxe ni un artifice pour

se débarrasser du problème. C'est une simple vérité. On demandait si l'être dont nous avons une notion désignée par le mot Dieu, existe réellement ou non ? Nous n'avons pas conscience de fabriquer cette notion, nous la trouvons là, et bien que sa présence ne prouve pas l'existence de son objet, elle crée un préjugé en sa faveur. C'est plutôt l'inexistence de son objet que son existence qu'il faut nous prouver. On en revient à la question : comment la notion d'un être qui n'est pas donné dans l'expérience peut-elle se trouver dans l'esprit ?

Il est vain de répondre qu'elle se trouve au bout des preuves, elle les précède. C'est évident pour ceux qui tiennent l'idée de Dieu pour innée, car la preuve se réduit alors à dire que la seule explication possible de sa présence à la pensée est l'existence de son objet. Mais le cas est le même pour les preuves dites *a posteriori,* à partir des effets de Dieu cause première. Chacune des célèbres « cinq voies » de Thomas d'Aquin[1] part d'une | défini- 56 tion nominale de Dieu, c'est-à-dire d'un concept provisoire nécessaire et suffisant pour qu'on sache ce que l'on cherche. Chacune des cinq voies conduit à l'existence d'un être premier dans un certain ordre de réalité : mouvement, causalité efficiente, possibilité et nécessité, degrés de l'être, finalité ; ayant atteint un terme ultime dans chacun de ces ordres, Thomas ajoute simplement, comme chose qui va de soi : « Et tout le monde comprend que c'est Dieu. » En d'autres termes, chacun comprend immédiatement que le Premier Moteur Immobile est l'être qu'il nommait déjà Dieu avant d'en avoir prouvé l'existence.

---

1. Thomas d'Aquin, *Somme de théologie,* I, 2, 3.

Il y a donc une préconnaissance de Dieu antérieure aux preuves. La même chose est vraie de la deuxième voie : on doit donc poser l'existence d'une première cause efficiente, que tous nomment Dieu : *quam omnes Deus nominant.* Quelle peut être l'origine de cette prénotion ? De la première éducation de l'enfant ? Du consentement universel ? Sans doute, mais le problème se pose à nouveau pour chacune de ces origines possibles de la notion ; on redemande d'où elle leur est venue ? La notion de Dieu est antérieure aux preuves et une fois au moins, dans le chapitre I de son traité sur les *Substances Séparées,* Thomas d'Aquin a écrit que chaque fois que les hommes ont atteint la notion d'un premier principe, il était inné en eux de le nommer Dieu : *omnibus inditum fuit in animo ut illud deum aestimarent quod esset primum principium...* [1]. Cette anti-
57 cipation spontanée n'est pas une preuve, mais | elle joue un rôle dans l'interprétation de la preuve. Sans cette anticipation, nous ne saurions pas que le Premier Moteur, le Premier Nécessaire, la Fin Dernière, sont l'être que nous nommons Dieu.

Il est d'ailleurs naturel que l'auteur d'une *Somme de Théologie* ait dès le départ quelque notion de l'objet de son livre. Il tient la notion de Dieu de la révélation judéo-chrétienne, mais il ne tient pas l'acceptation de cette révélation par la foi pour une preuve philosophique. Il ne parle pas non plus, comme faisait Tertullien, d'une âme « naturellement chrétienne », mais il accepterait peut-être de parler d'une âme « naturellement religieuse », si l'on entendait par

---

1. Thomas d'Aquin, *Somme contre les Gentils,* I, II, 1.

là une âme naturellement capable de former la notion de Dieu à propos de toute notion d'une première cause.

Aucune notion de Dieu particulière n'est ici en cause. Dans sa *Métaphysique,* le philosophe musulman Avicenne ne dit jamais Dieu, mais régulièrement le Premier. Dieu est la notion théologique de la cause première philosophique, mais le Premier du philosophe est immédiatement conçu par Avicenne comme le dieu du croyant musulman. S'il y a des objections philosophiques à l'existence de Dieu, elles viennent après l'affirmation de son existence. Ceci est vrai même de l'objection la plus redoutable qu'on puisse diriger contre l'existence d'un Dieu, savoir l'existence du mal soit physique soit moral. S'il est absurde qu'il y ait du mal dans un univers créé par un Dieu, l'expérience universelle, constante, inéluctable de la douleur, du mal et de la mort, devrait rendre impossible la formation naturelle de la notion de Dieu. Le monde est trop mauvais, semble-t-il, pour être l'œuvre d'un créateur divin. Or non | seulement **58** les hommes pensent à Dieu malgré l'existence du mal, mais à cause d'elle. Ils pensent particulièrement à lui lorsqu'ils souffrent, lorsqu'ils ont peur et particulièrement lorsque la peur de la mort les inquiète.

Spinoza l'a dit au début de son *Traité théologico-politique*, si les hommes savaient toujours avec certitude comment conduire leurs affaires, ou s'ils étaient toujours favorisés par la fortune, la superstition ne trouverait pas place dans leurs cœurs. C'est là, selon lui, la vraie cause de la superstition, et non comme le prétendent certains, une certaine notion confuse de la divinité qui serait présente à tous les esprits. Spinoza ne dit pas pourquoi les difficultés, les craintes, le sentiment de délaissement qu'éprouve en effet si souvent l'homme, lui suggéreraient la notion

purement gratuite qu'il existe comme un Secouriste
Suprême à qui s'adresser en dernier recours lorsque toute
autre aide fait défaut. Si on y pense, c'est une idée bien
extraordinaire, d'autant plus que Celui sur qui l'on compte
pour nous tirer d'embarras ne peut guère être autre que
celui qui nous y a mis. Depuis Lucrèce, c'est une opinion
répandue que la peur est la cause première de la croyance
aux dieux, mais il semble paradoxal de prétendre que la
peur du mal est la source principale de la croyance en Dieu
et l'argument le plus fort contre son existence.

LA CAUSE DE L'IDÉE

Il convient de soumettre à l'examen critique cette
étrange notion si répandue bien qu'on n'en discerne pas
59 | l'origine. Elle est d'autant plus remarquable que son
caractère le plus constant, au cours de l'histoire de la philosophie, est qu'il soit impossible de concevoir que son objet
n'existe pas. Cela ne prouve pas qu'il existe, nous disons
simplement qu'elle est telle qu'on ne puisse en concevoir
l'objet comme inexistant, ce qui n'est vrai de la notion
d'aucun objet concevable, même de ceux dont nous savons
avec certitude qu'ils existent. Il n'y a qu'une seule autre
notion dont on pourrait dire la même chose, c'est la
notion d'être, si on en use comme d'un substantif désignant
un objet actuellement existant. Cette analogie explique
d'ailleurs que toutes les preuves de l'existence de Dieu
conduisent finalement à la nécessité de poser un certain être
premier dans les divers ordres de la réalité. Être est le nom
même de Dieu quand on traduit dans le langage de la
réflexion métaphysique la notion spontanée que l'on s'en

forme. De toute manière, parler d'un Dieu qui n'existe pas semble aussi absurde que parler d'un être qui n'existe pas. Tout le reste, y compris l'univers et nous-mêmes, pourrait fort bien ne pas exister, mais la seule manière de dire la même chose de Dieu est de ne pas laisser sa notion pénétrer dans l'esprit. « Si Dieu est Dieu », dit saint Bonaventure, « Dieu existe ». *Si Deus est Deus, Deus est*, l'apparente naïveté de la formule cache un fait important : la nécessité de la relation qui lie à la notion de Dieu celle d'existence réelle est un fait qu'on ne saurait négliger.

Toute l'histoire de ce que l'on nomme l'argument ontologique, y compris celle de l'Ontologisme, confirme le bien fondé de cette remarque. Il nous suffira pourtant de considérer deux témoins typiques de la doctrine, un théologien philosophe et un philosophe théologien.

| Il est presque superflu de citer saint Anselme sur ce **60** point, l'argument du *Proslogion* est connu de tous, mais on doit remarquer que même Thomas d'Aquin, qui nie la validité de l'argument, reconnaît la validité de sa notion de Dieu : « Absolument parlant, il est connu par soi que Dieu est, puisque cela même que Dieu est, est son être »[1]. La notion proprement thomiste de Dieu conçu comme son propre *esse* vient donc ici renforcer encore, si possible, la certitude de la liaison nécessaire entre sa notion et son existence. Il est encore plus vrai pour Thomas d'Aquin que pour Anselme que Dieu ne peut pas être conçu comme non-existant, puisque son essence, si l'on peut dire, est d'être *EST*.

La cinquième *Méditation Métaphysique* de Descartes contient l'expression parfaite de l'inséparabilité des deux

---

1. Thomas d'Aquin, *Somme de Théologie*, I, Qu. II, 1.

notions de Dieu et d'existence. Le philosophe s'y trouve
aux prises avec l'objection que rien ne nous empêche
d'attribuer l'existence à Dieu, même s'il n'existe pas.
Il répond en soulignant ce qu'a d'unique le rapport de
l'essence à l'existence dans l'être divin. De ce qu'il ne
saurait y avoir de montagnes sans vallées on ne saurait
inférer qu'il y a soit des montagnes soit des vallées, mais
« de cela seul que je ne puis concevoir Dieu sans existence,
il s'ensuit que l'existence est inséparable de lui, et partant
qu'il existe véritablement : non pas que ma pensée puisse
faire que cela soit de la sorte et qu'elle impose aux choses
aucune nécessité, mais, au contraire, parce que la nécessité
de la chose même, à savoir l'existence de Dieu détermine
61 | ma pensée à le concevoir de cette façon »[1]. En d'autres
termes, je peux ne pas concevoir l'idée de Dieu mais, si je le
fais, je ne peux le concevoir autrement qu'existant en
réalité.

Descartes a donc pris ses précautions contre l'objection
future de Locke, que l'idée de Dieu est en nous une notion
factice composée d'éléments associés à notre gré et à laquelle il ne suffit pas que nous joignions l'idée d'existence
pour que son objet existe. Au contraire, puisque le philosophe ne trouve le modèle de cette idée ni hors de lui ni en
lui, il ne peut l'avoir fabriquée d'aucune manière. Rien
dans la réalité ne nous invite à concevoir un être comme
nécessaire et infini. Il faut donc que son idée en nous soit
innée, et puisqu'elle doit avoir une cause, il faut qu'elle
ait été mise en moi par quelque substance elle-même
infinie. D'où la conclusion de la troisième *Méditation*

---

1. Descartes, *Méditations métaphysiques,* V[e] méditation.

métaphysique : « Qu'il ne serait pas possible que… j'eusse en moi l'idée de Dieu, si Dieu n'existait véritablement »[1]. Rien ne sert de dire que nous l'avons composée nous-mêmes, car même si les éléments s'en trouvaient dans l'expérience, le modèle selon lequel la pensée les associe resterait inexpliqué.

Lu à cette lumière, l'argument ontologique cesse de n'être qu'un sophisme. De quelque manière qu'on l'interprète, il a au moins le mérite d'expliquer l'existence de l'idée de Dieu. De toute manière, elle est là. En somme, dit Ariste à Théodore dans le second *Entretien Métaphysique* de Malebranche, vous définissez Dieu comme il | s'est **62** défini lui-même, quand il a dit à Moïse : *Dieu est Celui qui Est* (Exod. III, 14). On peut penser à tel ou tel être comme n'existant pas, on peut voir son essence sans voir son existence, on peut voir son idée sans le voir, mais l'idée de Dieu est un cas unique : « si on pense à Dieu, il faut qu'il soit. » Même dans les doctrines de tels « athées » que Spinoza et Hegel, la notion de ce qu'ils nomment encore Dieu implique celle de son existence. On peut se désintéresser du fait, mais il est à peine possible de le nier. C'est lui qui rend l'inexistence de Dieu difficilement concevable, c'est à cause de lui que la possibilité d'un athéisme philosophique réfléchi peut légitimement être mise en question.

L'affirmation de Dieu n'est pas nécessairement liée à l'innéisme. Elle n'est liée à aucune noétique particulière, sa présence suffit à poser le problème et à dicter sa réponse parce que, de toute manière, elle réclame une explication. Elle en réclame même deux, une pour sa présence, l'autre

---

1. *Ibid.*, IIIe méditation, conclusion.

pour son lien remarquable avec l'affirmation de la réalité de
son objet, mais il semble impossible d'éviter le minimum
d'innéisme requis par la nature des premiers principes et par
ce que garde en tout cas de mystérieux le rapport des
notions d'être et de Dieu.

Nous sommes dans l'ordre des principes. Si on refuse de
les tenir pour innés, on ne peut du moins refuser cette
qualité au pouvoir que l'intellect possède de les former. Les
deux positions reviennent à peu près au même, sauf seulement en ceci que la deuxième requiert l'appréhension de
la réalité sensible pour que l'intellect puisse concevoir
les principes. Le problème de leur formation n'est pas sans
63 analogies avec celui des universaux, cette *crux* | *philoso-
phorum*. Les philosophes modernes n'en ont plus souci, et
c'est leur droit, mais ils n'ont pas celui de tourner en
dérision leurs prédécesseurs du moyen âge pour l'attention
qu'ils lui ont consacrée. Un problème oublié n'est pas résolu pour autant. On dit que le sens perçoit le particulier et que
l'intellect perçoit l'universel, mais ce n'est qu'en partie
vrai. La connaissance intellectuelle et la perception sensible
sont inextricablement imbriquées dans la connaissance
et s'il est vrai qu'il n'y a rien dans l'intellect qui n'ait
été donné dans le sens, il n'y a rien non plus de donné
dans le sens qui ne soit en même temps dans l'intellect. Par
exemple, je dis que je vois un chien, mais personne n'en
a jamais vu un. La vue perçoit des formes colorées, mais
rien de plus, au lieu que *chien* est un concept abstrait qui
représente et signifie une espèce. Je ne vois ni ne touche
aucune espèce, que ce soit celle du chien, de l'homme ou
aucune autre, je *vois* des taches de couleur, au plus des
motifs colorés et je *sais* que les unes représentent un certain
genre d'animal ou un homme, mais je ne vois pas l'objet

propre du concept parce qu'en lui-même et comme tel il n'existe pas.

La théorie traditionnelle de l'abstraction, que l'on invoque pour expliquer que l'intellect sépare, dans le particulier, l'intelligible du sensible, s'en tient à la simple formulation d'un fait. Ni Aristote ni aucun aristotélicien n'a dit comment s'opère cette chimie métaphysique. Il faut bien qu'il y ait de l'intelligible dans le sensible pour que l'intellect le conçoive, mais s'il n'y est pas sous forme de concept, quelle en est la nature ? Aristote déclare hardiment qu'il y est néanmoins senti. C'est sans doute ce que signifie la profonde vue qu'il a de la perception | sensible quant **64** il la décrit comme une sorte d'induction. Le concept, l'universel, résulte d'une rapide induction par laquelle je connais que le motif sensible particulier que je vois a pour cause un individu appartenant à l'espèce que mon intellect conçoit comme celle du chien. Ni le nominalisme, ni le réalisme, ni le curieux hybride nommé « réalisme modéré » (une statue modérément équestre) n'ont réussi à rendre compte de l'induction mystérieuse opérée sans effort par l'enfant dès qu'il parle, et dont le terme est ce que la sensation livre à l'intellect, non une simple qualité sensible mais la structure de qualités sensibles que nous nommons une chose.

Qu'en est-il des principes ? Nous l'avons dit, ils ne sont pas innés, mais ils sont connus dans la lumière naturelle de l'intellect en liaison avec la connaissance sensible. Ici encore, comme dans le cas du concept, ce que les principes énoncent est dans les objets matériels qui sont la substance de la réalité, et pourtant les principes eux-mêmes sont immatériels et n'existent comme tels que dans les intellects connaissants. Je vois et touche des êtres, non l'être. J'observe des agents et des patients, j'appelle les premiers causes, les autres effets, mais je n'observe pas la causalité elle-même. Quand je dis qu'il n'y a pas d'effets sans causes, j'explicite simplement la définition de *cause* ou d'*effet*. C'est, disait Hume, comme dire qu'il n'y a pas de mari sans femme. Si vous pressez un métaphysicien, il vous concédera qu'il y a quelque chose de mystérieux dans notre connaissance de tout principe. Et ce n'est pas surprenant, puisqu'il est premier par définition. Il n'y a rien d'antérieur au principe par quoi on puisse en rendre raison.

65 | La raison ne s'accommode pas volontiers de cette limite. Aristote l'a pourtant marquée, avec sa sobriété ordinaire, dans ce que je suis tenté de tenir pour le passage le plus important de tout son *Organon* :

> Puisque, sauf l'intuition, aucun genre de connaissance n'est plus exact que la science, ce doit être nécessairement une intuition qui saisit les principes. Ceci résulte, non seulement des considérations précédentes mais aussi du fait que le principe de la démonstration n'est pas lui-même une démonstration. Il ne peut donc pas y avoir de science de la science. Si donc nous possédons un genre de connaissance vraie autre que la science, c'est l'intuition seule qui est le principe du principe même, et la science est à l'ensemble de la réalité comme l'intuition est au principe [1].

---

1. Aristote, *Seconds Analytiques,* II, 19 Paris, Vrin, 1938, p. 247. / Note de l'éditeur: Voici la traduction de ce difficile passage donnée par J. Tricot : « Et puisque, à l'exception de l'intuition, aucun genre de connaissance ne peut être plus vrai que la science, c'est une intuition qui appréhendera les principes. Cela résulte non seulement des considérations qui précèdent, mais encore du fait que le principe de la démonstration n'est pas lui-même une démonstration, ni par suite une science de science. Si donc nous ne possédons en dehors de la science

Il serait difficile d'expliciter en raisonnements ces lignes si denses et qui doivent le rester pour avoir tout leur sens. Les savants sont sages de ne pas s'en soucier ; les intenses satisfactions que la science donne à l'esprit tiennent précisément à ce que, les principes une fois admis sans discussion, la raison peut procéder sûrement à leur lumière. Mais leur présence tourmente le philosophe. Sa réflexion tourne autour comme l'insecte autour de la | lumière, au **66** risque de s'y brûler. Dans tout ce qu'il pense, il trouve inclus l'être, qui n'est inclus dans rien, et dont l'essence même est de ne pouvoir pas ne pas exister. Mais l'être est une abstraction. Pensé comme réalité concrète, il se nomme Dieu. C'est sans doute pourquoi il n'y a probablement pas de science dans l'existence de Dieu, mais une certitude de l'intellect plus haute que celle de la science qu'elle en a. C'est aussi pourquoi la question, si Dieu est, présuppose que sa notion soit déjà présente à l'esprit.

LA QUESTION SANS RÉPONSE

Les athées se plaisent à dénoncer les insuffisances des preuves traditionnelles de l'existence de Dieu et, en effet, si l'on admet d'autres preuves que celles du type mathématique ou de la science expérimentale, il n'y en a pas de suffisante, mais certaines preuves apparaissent nécessaires à la réflexion métaphysique lorsque celle-ci pousse, par

aucun autre genre de connaissance vraie, il reste que c'est l'intuition qui sera principe de la science. Et l'intuition est principe du principe lui-même, et la science tout entière se comporte à l'égard de l'ensemble des choses comme l'intuition à l'égard du principe. ».

delà la preuve dialectique, jusqu'au principe même de la preuve.

On ne prétend pas ici qu'il n'y ait pas d'athées ; nous avons même dit qu'il en existe des variétés différentes, mais nous n'en avons pas rencontré dans leur nombre une seule qui proposât des preuves métaphysiques de l'inexistence de Dieu. La plupart des athées qui philosophent se contentent **67** de dénoncer l'insuffisance des preuves | de son existence que l'on propose, ce qui est tout différent. Le fait même qu'on désire des preuves de l'inexistence de Dieu suggère que la croyance en son existence occupe déjà la place. Ce que les hommes appellent « perdre leur foi » ne leur apparaît jamais comme un heureux événement. C'est bien pour eux une perte, sans qu'on voie pourquoi. Il n'y a pas de raison pour qu'il en soit ainsi. S'être débarrassé de ce que l'on en est venu à tenir pour une erreur, au moins comme un préjugé, devrait être plutôt une cause de réjouissance. On ne voit pas les hommes réunir leurs amis pour fêter ensemble ce bonheur. La littérature abonde au contraire en récits romantiquement tragiques de circonstances dans lesquelles les écrivains ont perdu leur foi. Pour démontrer que Dieu n'existe pas, il faudrait le remplacer par quelque chose d'équivalent, capable d'expliquer tout ce qu'il explique et dont l'existence fût démontrée. C'est ainsi qu'on a démontré l'inexistence du phlogistique ; Lavoisier l'a éliminé en le remplaçant. Rien de tel ne se passe quand un athée « perd sa foi » ; c'est une perte sèche. Bien qu'il fût avare de confidences sur ces questions, Mallarmé écrivit un jour à son ami Henri Cazalis qu'il sortait à peine d'une crise épuisante au cours de laquelle il avait enfin vaincu, non sans de terribles efforts, « ce vieux plumage, Dieu ». Pourquoi cette force de résistance dans quelque chose qui n'existe pas ? C'est que le départ de Dieu n'est compensé par l'arrivée de rien, qu'un vide infini comble la place qu'il occupait.

Rejeter l'idée de Dieu comme une notion métaphysique est donc d'une grande naïveté. Assurément elle est métaphysique, mais l'athéisme l'est aussi. Charles Péguy l'a dit avec la vigueur et la persistance très efficaces qu'on | lui connaît : **68**

> les négations métaphysiques sont des opérations méta-physiques au même titre que les affirmations métaphysiques ; souvent plus précaires… si possible que les affirmations métaphysiques pures, que les affirmations métaphysiques proprement dites, affirmatives, affirmantes. Positives.

Et plus loin :

> Pour parler le langage de l'École, faut-il donc rappeler que l'athéisme est une philosophie, une métaphysique, qu'il peut être une religion, une superstition même, et qu'il peut devenir ce qu'il y a de plus misérable au monde, un système, ou pour parler exactement, qu'il est ou qu'il peut être plusieurs et beaucoup de tout cela, au même titre et ni plus ni moins que tant de théismes et tant de déismes, tant de monothéismes et tant de polythéismes, et de mythologies et de panthéismes, qu'il est une mythologie, lui aussi, comme les autres, et, comme les autres, un langage, et qu'à tant faire et puisqu'il en faut, il y en a de plus intelligents [1].

Le dernier trait blesse, mais il est efficace. À moins, bien entendu, que l'athéisme puisse se prévaloir de partisans plus intelligents que les philosophes qui, de Platon à Kant,

---

1. Ch. Péguy, *Œuvres en prose* (1898-1908), Paris, Gallimard, 1959, p. 1071-1073.

ont professé l'existence de Dieu. S'il y en a eu de tels, on aimerait savoir leurs noms. Et si leurs raisons existent, on aimerait savoir quelles elles sont. Péguy ne dit pas autre **69** chose[1] sur ce problème qui, même s'il | ne comportait pas de solution dialectique, pourrait se flatter d'avoir reçu réponse affirmative des plus grands esprits métaphysiques que l'histoire ait connus. Le fait mérite par lui-même réflexion.

C'est le même que celui que l'expérience personnelle de Kant nous mettait sous les yeux : après avoir démontré que les preuves de l'existence de Dieu résultent d'une illusion spéculative, nous l'avons vu continuer d'y croire sur l'injonction de la raison pratique, mais sans s'être demandé comment la raison pratique pourrait postuler l'existence de Dieu si la raison spéculative, à tort ou à raison, ne lui en avait d'abord livré la notion ? Kant ne s'est même pas demandé si tous les objets de la raison spéculative sont de même nature que ceux dont traitent soit les mathématiques soit la physique de Newton. Ayant répondu par l'affirmative, Kant s'interdisait de poser désormais aucune question métaphysique, comme si la pensée elle-même n'était pas d'essence métaphysique. Penser est penser de l'être, qui est un objet transcendant le physique. On peut le tenir pour accordé, et la science avec lui, mais la science elle-même reste alors sans intelligibilité. À plus forte raison

---

1. « On peut penser personnellement, comme je le pense, que cette métaphysique du parti intellectuel moderne est une des plus grossières que l'humanité aura jamais connue, qu'elle est infiniment plus sommaire et plus *barbare* au sens hellénique de ce mot, que les toutes premières cosmogonies helléniques, ou plutôt, qu'elle l'est, et qu'elles ne l'étaient point... », etc. *Ibid.*, p. 1074.

en est-il ainsi de la théologie naturelle. Dès qu'on perd de vue la notion d'être, celle de Dieu perd toute intelligibilité. Elle n'en subsiste pas moins dans les esprits, mais elle n'offre plus prise à la raison du métaphysicien.

Par une étrange coïncidence, cette articulation du problème est illustrée par l'évolution de la pensée de Kant lui-même. Quand on dit que Kant a prouvé que la notion de Dieu est une illusion transcendantale, nous devrions demander : quel Kant et à quel moment de | sa vie ? [1] **70**

1. Le primat de l'éthique dans la pensée de Kant a été historiquement démontré par Victor Delbos, dans sa thèse aujourd'hui classique: *La philosophie pratique de Kant,* Paris, Alcan, 1905 ; Paris, P.U.F., 1968. On trouvera une réflexion à la fois philosophique et historique sur le problème dans l'excellent ouvrage de Ferdinand Alquié, *La critique kantienne de la métaphysique*; Paris, P.U.F., 1968, notamment Chap. I, « Le projet kantien » (« Kant,… tout en estimant que la métaphysique dogmatique est illégitime, se refuse à y voir un besoin du cœur ; il la rattache à une exigence de l'esprit », p. 14). La conclusion de ce chapitre est inattaquable: « L'intention de Kant ne fait donc aucun doute: s'il critique la métaphysique, ce n'est pas pour détruire comme telles les affirmations qu'elle contient en ce qui concerne l'âme, la liberté et Dieu. C'est, bien au contraire, pour sauver et maintenir de telles affirmations, auxquelles le XVIIIᵉ siècle semblait avoir renoncé », p. 16. – Incidemment, on notera que le XVIIIᵉ siècle en question est celui de l'agrégation de philosophie. Il ne contient ni Berkeley (1684-1753), ni Christian Wolff (professeur de mathématiques et de philosophie à Halle et Marburg de 1706 à 1754) ; ni les platoniciens de Cambridge * (Cudworth, 1617-1688 ; Henry More, 1614-1687) ; ni Reid (1710-1796) et Dugald Stewart (1753-1828) ; ni, bien entendu, Rousseau (H. Gouhier, *Les méditations métaphysiques de Jean-Jacques Rousseau,* Paris, J. Vrin, 1970). Il serait plus vrai de dire que, morte dans l'esprit de Kant, la métaphysique a continué de vivre alors sous forme d'une discipline sans prétentions scientifiques, mais sûre de sa vérité, dans un très grand nombre d'esprits, Voltaire par exemple et sa métaphysique sans système. Kant, qui a hérité la sienne de *La profession de foi du Vicaire*

En 1764, en réponse à une question posée par
l'Académie de Berlin, Kant écrivit sa *Recherche sur l'évidence des principes de la théologie naturelle et de la
morale*. Il se trouva donc alors aux prises avec le problème :
qu'est-il possible de connaître de Dieu ? Il se la posait en un
temps où il n'avait pas encore décidé qu'on n'en peut rien
connaître. Kant aurait alors pu procéder à une vraie critique
directe et positive de la théologie naturelle, mais beaucoup
71 de philosophes n'aiment pas l'histoire, parce | qu'avant
d'en parler il faut l'apprendre, au lieu qu'en philosophie, il
suffit d'inventer. Réalisant l'immensité de la tâche d'exa-
miner tout ce que les grands philosophes avaient dit sur la
question, Kant se contenta de faire observer que la notion
capitale qui se présente ici à l'esprit du métaphysicien est
« l'absolue nécessité qu'il y ait quelque être ». À quoi il
ajoutait :

> Pour la comprendre, il faut d'abord se demander *s'il est
> possible qu'il n'y ait absolument rien*. Car celui qui pose la
> question ne peut pas ne pas réaliser que, où aucune *existence*
> n'est donnée, il ne reste rien à *penser* ni, généralement
> parlant, aucune possibilité d'aucune sorte, ce qui l'oblige à
> prendre en considération ce qui se trouve ainsi à l'origine de
> toute possibilité. Cette réflexion s'élargira et ainsi établira le
> concept déterminé de l'être absolument nécessaire.

Il est dommage qu'ayant atteint ce point Kant ait semblé
perdre courage et n'ait pas continué sur cette voie métaphysique. Il est vrai que c'était la voie Wolffienne de la

---

savoyard, a espéré fonder critiquement cette métaphysique pédestre du sens
commun.

* Gilson a voulu dire: « les platoniciens de Cambridge » héritiers des deux
philosophes du XVIIe siècle dont il cite les noms.

possibilité, qui se révèle en fin de compte être une voie sans issue. Dans une épistémologie réaliste, la question : *Pourrait-il ne rien y avoir ?* ne se pose pas, parce qu'en fait il y a quelque chose, et que s'il était possible qu'il n'y eût rien, il n'y aurait rien. Il n'y aurait pas de pensée, comme le dit justement Kant, et il n'y aurait même pas de Kant pour poser la question. Puisqu'il existe quelque chose, il y a de l'être nécessaire, car le réel actuellement donné est nécessaire de plein droit pendant qu'il est. Parménide n'a rien perdu de ses droits. La seule question qu'il reste à se poser à son sujet est donc : Dans tout cet être nécessaire, qu'est-ce qui a droit de se nommer | Dieu ? Une pensée qui se **72** meut dans l'être se meut dans l'existence actuelle dès le premier moment de son enquête, elle se meut aussi dans le nécessaire et procède de nécessités conditionnées à une nécessité absolue. La question n'est pas de savoir si Dieu existe, car s'il y en a un, il est le nécessairement existant, la vraie question est de savoir si, dans le nécessaire, il en est un que nous devions nommer Dieu ?

L'idée qu'il y ait une position moderne du problème de l'existence de Dieu est une illusion. Il n'y a rien de nouveau dans le matérialisme. Les Anciens croyaient à l'existence de tout un peuple de dieux d'autant plus réels à leurs yeux qu'ils étaient plus matériels. Saint Augustin lui-même avait commencé par être matérialiste ; s'il vivait aujourd'hui, un jeune Augustin commencerait sans doute par être marxiste, mais s'il l'était, il recommencerait son pèlerinage. Il demanderait à la matière avec tous les biens qu'elle contient, y compris ses biens économiques et sociaux : Est-ce vous qui êtes mon Dieu ? Augustin demanderait peut-être ensuite à Kant : La voix du devoir est-elle mon Dieu ? Mais la conscience morale répondrait à voix haute :

Je ne suis pas ton Dieu, car en quelle lumière ma pensée voit-elle ce qui est juste et vrai, et comment se fait-il que tout homme qui consulte sa raison s'accorde spontanément avec ce que d'autres hommes tiennent pour vrai ou faux, pour bon ou mauvais ? S'il y a quoi que ce soit au-dessus de l'homme, demanderait encore Augustin, n'accorderons-nous pas qu'il est Dieu ? Oui, répond Auguste Comte, et c'est l'Hu-manité. Oui, répond encore Nietzsche, et c'est le Surhomme. Mais l'humanité et le surhomme ne nous élè-

73 vent pas au-dessus | du niveau de l'homme, par rapport auquel ils se définissent. Nous finissons ainsi par où nous avons commencé. Si Dieu est un être strictement transcendant, même les faux dieux qu'on nous offre portent témoignage au vrai Dieu. Il ne faut donc pas dire que les vrais athées sont rares, ils n'existent pas, parce qu'un athéisme véritable, c'est-à-dire une absence complète et finale de la notion de Dieu dans un esprit, n'est pas seulement inexistant de fait, mais impossible. On pourra la détruire aussi souvent qu'on le voudra, elle subsistera sous forme d'un besoin arbitraire et vain de se nier. Ce qui existe certainement au contraire, c'est une immense foule de gens qui ne pensent pas à Dieu sauf dans leurs moments de détresse, ou d'adorateurs de faux-dieux, mais c'est là autre chose que d'accepter consciemment le monde et l'homme, sans aucune explication, comme étant à eux-mêmes la raison suffisante de leur existence et de leur propre fin. Il y a mainte occasion de doute, d'hésitation et d'incertitude dans la démarche d'un esprit en quête de Dieu, mais la seule possibilité d'une telle recherche implique que le problème de l'existence de Dieu demeure, pour l'esprit du philosophe, une inévitabilité.

(fin, 12 octobre 1970)

PLAIDOYER POUR LA SERVANTE

| L'encyclique du pape Paul VI *Ecclesiam suam*[1], **75** contient un appel qui ne ressemble à rien que je me souvienne d'avoir lu dans aucun document pontifical. Devant l'invasion de l'athéisme communiste, principalement sous sa forme marxiste, et mu par un sentiment de profonde angoisse, le pape appelle chacun de nous à mettre un terme au progrès de ce qu'il nomme « l'athéisme politico-scientifique ». Le pape entend par là cette démarche qui consiste au refus volontaire d'avancer au-delà d'un certain point, et d'accepter, au-delà de la science, la réalité d'un univers habité par la présence de Dieu. « N'y aura-t-il personne parmi nous, pour surmonter victorieusement | ce **76** soi-disant devoir de s'arrêter à un certain point ? » Pour briser l'offensive de cet athéisme politico-scientifique, le pape nous enjoignait de trouver « une affirmation nouvelle du Dieu suprême au niveau de la métaphysique et de la logique ».

---

1. Paul VI, *Ecclesiam suam*, 6 août 1964 [N.D.E.].

LES SERVANTES DE LA SAGESSE

Ces paroles sont claires, mais troublantes. La logique et
la métaphysique sont au premier rang de ces servantes que,
selon la parole des *Proverbes* (9, 3), la Sagesse invite à
travailler à la tour. Après l'avoir fait pendant près de deux
mille ans, les servantes sont excusables de se demander
ce qui ne va pas… Ont-elles échoué jusqu'ici à trouver
des démonstrations concluantes de l'existence de Dieu ? Si
tel est le cas, quel espoir leur reste-t-il de convaincre nos
contemporains qu'ils ont l'obligation de ne pas laisser
leur esprit s'en tenir aux conclusions que la science peut
démontrer et de pousser au contraire au-delà, jusqu'à des
affirmations justifiées par leur seule nécessité logique et
métaphysique. L'obligation de découvrir une «nouvelle
affirmation de Dieu» est particulière-ment troublante, car
si les anciennes ne sont pas convaincantes, quelle chance
avons-nous d'en trouver une qui le soit ?

Un simple professeur de philosophie, s'il a travaillé
pendant plus de soixante ans au service de ces nobles servantes, ne manquera pas de se sentir personnellement mis
au défi par la solennelle exhortation du pape. Et pourtant, si
77 nous sommes tous invités à trouver en logique | et en
métaphysique, au-delà de la science, une preuve contrai-
gnante de l'existence de Dieu, comment se fait-il que je
sente moi-même une sorte de découragement au moment de
me mettre à l'ouvrage ? Si j'ai pour moi des preuves qui me
satisfassent, pourquoi ce qui est convaincant pour moi
ne l'est-il pas pour l'esprit des autres ? En réponse à
ces questions, je suggère que nous attendons peut-être de
la servante plus de services qu'elle n'en peut rendre,

surtout étant donné les circonstances où nous l'obligeons aujourd'hui à travailler.

L'EXISTENCE DE DIEU, POUR ARISTOTE ET SAINT THOMAS

Une première remarque me semble d'importance décisive. Il y a eu des preuves de l'existence de Dieu, d'un certain Dieu ou, en tout cas, des dieux, mais ces preuves n'ont jamais prétendu révéler aux hommes la notion de la divinité; au contraire, toutes présupposent la croyance commune en des êtres surnaturels, dont la notion demandait à être purifiée et l'existence démontrée par la philosophie. Leur conviction n'avait rien de commun avec aucune révélation au sens juif ou chrétien du mot. Aristote est un bon témoin à cet égard. Thomas d'Aquin a publiquement déclaré qu'il lui empruntait les prémisses d'au moins quatre de ses célèbres *quinque viae*; dans le *Contra Gentiles*, sa propre première preuve est une complexe structure dialectique, faite d'éléments dispersés à travers les écrits du Philosophe où il s'efforce | de démontrer qu'il existe **78** une substance immobile, dont la perfection, désirée par les autres êtres, meut l'univers d'un mouvement éternel. Aristote n'exclut pas la possibilité d'une pluralité de dieux astronomiques de ce genre. En tout cas, Aristote a claire conscience d'opérer une métamorphose qui aura pour effet de transformer une croyance populaire spontanée en une certitude scientifique démontrée. Pour Aristote, l'ordre *religieux* tout entier est mythologique; c'est sa propre réflexion qui en fait un système de vérités scientifiques rationnellement démontrées.

Anticipant sur l'attitude qui devait être celle d'Averroès environ quinze siècles plus tard, et la justifiant d'avance, Aristote disait déjà dans sa *Métaphysique* (XII, 8, 1074 b) :

> Dans les temps les plus reculés, nos ancêtres ont transmis à leur postérité, sous forme de mythe, la tradition que ces corps célestes sont des dieux et que le divin enclôt en soi toute la nature. Le reste de la tradition fut ajouté plus tard sous une forme mythique, en vue de persuader la multitude pour des fins légales et utilitaires... Mais si on séparait de ces additions le premier point pour le prendre à part – savoir l'idée que les Substances Premières sont des dieux – on devrait tenir cette proposition pour inspirée. On devrait penser que, pendant que chaque art et chaque science a probablement atteint plusieurs fois son plein développement et disparu pour renaître, ces opinions, avec d'autres, ont été préservées jusqu'à présent comme des reliques d'un trésor perdu.

Si on se souvient en lisant ces lignes, qu'au XIXᵉ siècle, **79** des penseurs catholiques ont systématiquement | combattu le traditionalisme au nom de la tradition aristotélicienne, on ne manquera pas d'éprouver une certaine gêne. En effet, comme on vient de voir, Aristote lui-même revendique pour la science la preuve de l'existence des substances astronomiques premières, mais il dit tenir la notion de dieu de traditions religieuses primitives. Il n'y a pas de traditionalisme métaphysique chez Aristote, mais il y a un traditionalisme religieux. Son travail propre, comme métaphysicien, est d'établir l'existence d'un premier moteur immobile, appartenant à un ordre trans-naturel et origine du mouvement pour l'univers entier. Quant à prouver sa nature divine, il ne prétend pas le faire sur des fondements proprement philosophiques. Les hommes ont toujours tenu les astres pour des dieux. D'où cette idée leur est-elle venue ?

Aristote n'en dit rien. Il pense seulement que c'était là, de leur part, une parole inspirée, disons divine. Manifestement le Philosophe se trouve ici à la frontière de l'ordre proprement religieux, distinct de l'ordre métaphysique comme nous l'entendons aujourd'hui. Peut-être que, de lui-même, il n'aurait pas pensé à nommer «dieux» ces premiers êtres métaphysiques mais une tradition mythologique ancienne comme le monde lui enseignait la notion, et le nom même, d'êtres divins. C'est parce que nous avons identifié la notion religieuse de Dieu et la notion métaphysique d'un Premier Moteur Immobile, que nos théologiens se jugent fondés à condamner, au nom du péripatétisme, la notion authentiquement aristotélicienne du traditionalisme religieux.

Le cas d'Aristote est particulièrement important parce que la théologie de saint Thomas a noué des relations intimes avec sa doctrine. Dans la *Métaphysique* d'Aristote, | la notion de Dieu précède d'une infinité de millénaires la **80** démonstration métaphysique de son existence. Une sorte d'inspiration divine explique que la notion de Dieu ait été présente de tout temps aux esprits d'hommes dont les générations se sont succédé indéfiniment dans un univers éternel. La notion chrétienne de création dans le temps que, ne l'oublions pas, Thomas d'Aquin tient pour philosophiquement indémontrable, interdit un traditionalisme de ce genre, mais lui aussi procède discrètement à une opération de ce genre lorsqu'il affirme, à la fin de chacune des *quinque viae,* que le premier terme de la série ordonnée en question, est ce que tout le monde appelle Dieu. Visiblement, la notion de Dieu est antérieure aux preuves de son existence ; elle était déjà là tout le temps, pendant que philosophes et théologiens s'évertuaient à prouver son existence à l'aide de leurs démonstrations.

La « ronde des preuves »

Tant que cette notion primitive de Dieu a été présente aux esprits, il y a eu des preuves efficaces de l'existence de Dieu. Dans ses *Nourritures terrestres,* André Gide a consacré un chapitre à ce qu'il nommait ironiquement « la ronde des preuves de l'existence de Dieu ». Et, en vérité, les preuves de l'existence de Dieu ne manquent pas. Le problème a été posé à partir de la présence de la vérité dans la pensée, à partir de l'idée même de Dieu, de la hiérarchie des causes dans le monde, puis de celle des êtres, puis de
81 celle des fins. On a invoqué | une révélation primitive, un consentement universel des hommes, une évidence immédiate du sens commun, même, avec Kant, le témoignage de la conscience morale par la voix du devoir, et ainsi de suite. Le désir de trouver de nouvelles preuves donne à penser qu'on n'était pas complètement satisfait des anciennes ; pourtant, les anciennes donnaient pleine satisfaction à leurs auteurs ; on ne peut pas être plus content d'une démonstration que saint Anselme ne l'était du *Proslogion,* dont saint Thomas suggère qu'elle n'est pas du tout une démonstration. De leur côté les inventeurs de nouvelles preuves sont déçus par le mauvais accueil que réservent à leurs preuves les autres théologiens. Plusieurs d'entre eux se sont heurtés à l'opposition de l'Église. Descartes était sûr d'avoir donné des preuves de l'existence de Dieu plus certaines que toutes démonstrations mathématiques ; résultat, il fut inscrit à l'*Index librorum prohibitorum.* Ainsi

le furent après lui, le père Nicolas Malebranche, le plus grand métaphysicien que la France ait jamais eu, puis Rousseau et Kant, l'un et l'autre protestants, mais Bautain, Rosmini et Gioberti, tous catholiques et prêtres, ont été pareillement condamnés, non pour avoir nié l'existence de Dieu, mais pour en avoir proposé des preuves différentes de celles qui sont officiellement approuvées.

L'ensemble de ces faits suggère une double hypothèse : d'abord, que la certitude de l'existence de Dieu est dans une large mesure indépendante des démonstrations philosophiques qu'on en donne ; deuxièmement, que l'échec de telles preuves à convaincre des esprits modernes n'a pas grand-chose à voir avec la diffusion de la science.

| Les Anciens distinguaient fort bien les démonstrations **82** expérimentales des physiciens des conclusions dialectiques des métaphysiciens ; pourtant Aristote n'hésitait pas à parler de la divinité comme d'un être dont l'existence réelle est démontrable. Descartes et Leibniz, deux génies mathématiques de première grandeur, restent pour nous deux classiques de la théologie naturelle. De notre propre temps, nous avons vu l'esprit païen de Bergson redécouvrir la notion philosophique de Dieu, au point de regretter que des motifs moraux ne lui permissent pas de demander le baptême, et pourtant, qui donna jamais plus de preuves de respect que Bergson pour les exigences de la démonstration scientifique ? J'ai vu et entendu cet homme ; et s'il ne fut pas une sorte de génie philosophique, je ne sais pas ce que ces mots signifient. Il savait et comprenait plus de science que neuf dixièmes de ceux qui discréditent comme non scientifiques les preuves de l'existence de Dieu, et pourtant il faisait à sa manière exactement ce qu'*Ecclesiam suam* nous invite à faire. Il a fait voir, pour lui-même et pour nous, que

la conception scientifique qu'a le monde moderne de l'évolution ne doit pas s'arrêter où elle s'arrête mais doit hardiment procéder, au-delà de la science positive, pour s'épanouir dans la notion d'un univers habité par la présence divine et mettre sur nos lèvres le balbutiement d'une prière reconnaissante. *L'Évolution créatrice* fut naturellement mis à l'Index, mais pour les jeunes catholiques de ma génération, ce chef-d'œuvre avait atteint son but. Il avait établi sans doute possible que même au XXe siècle, la notion de Dieu et la démonstration de son existence ont encore un sens, même pour des esprits formés aux méthodes | traditionnelles de la science et de la philosophie. Pour le païen Bergson, le philosophe selon son cœur a toujours été le païen Plotin : or le païen Plotin avait un esprit naturellement tourné vers le divin ; la présence en lui de la notion de Dieu lui inspirait le désir de connaître mieux les choses divines ; bref, comme tous les esprits ouverts à la notion de Dieu, celui de Plotin, comme après lui celui de saint Augustin, et après eux celui de Bergson, était mu par l'amour à poursuivre l'investigation d'un objet mystérieux, qui habite la pensée sans qu'on puisse savoir comment il y est entré.

Sans prétendre à aucune autorité philosophique, ni moins encore théologique, je me permets de suggérer que de nouvelles preuves de l'existence de Dieu continueront d'êtres inventées, tant que des entendements humains formeront en eux-mêmes spontanément, et tiendront pour dignes d'attention, cette notion d'un premier être. Il est sans aucune importance que l'éducation familiale ou l'enseignement des écoles et des églises, transmettent cette notion aux esprits, car de toute manière, un moment vient toujours pour chacun, où la vérité de la notion doit être reconnue et faite sienne par consentement personnel. Je me propose de revenir sur ceux qui la rejettent, je ne m'occupe actuellement que de ceux qui lui accordent ce consentement et l'accueillent silencieusement dans le secret de leurs cœurs. De ceux-là, on peut être sûr qu'ils ont joie à trouver des justifications rationnelles de leur certitude intérieure. C'est ce qui explique l'extraordinaire spectacle historique de la « ronde des preuves de l'existence de Dieu ». Si j'étais consulté sur le sens de ce fait, je dirais que chacun de nous devrait | avoir droit à ses preuves personnelles de l'exis- **84** tence de Dieu, car toutes sont bonnes en tant qu'elles traduisent une expérience valide dans l'ordre de la religiosité naturelle de l'esprit humain. Le défaut le plus commun de ces servantes, c'est qu'elles sont querelleuses. Si elles pouvaient vivre en paix les unes avec les autres, j'irais jusqu'à dire qu'elles sont toutes bonnes. Les médiocres d'entre elles ont leur utilité et leur vérité qui est de justifier rationnellement à nos yeux notre certitude spontanée de l'existence de Dieu. Bref, si je me permettais de donner un conseil en ces matières, je dirais aux théologiens : soyez indulgents pour la servante, elle fait ordinairement ce qu'elle peut.

QU'EST-CE QU'UNE « DÉMONSTRATION » ?

Parlant à présent pour ceux de nos contemporains qui refusent expressément toute valeur aux preuves de l'existence de Dieu, je me permets de leur demander : qu'est-ce que vous appelez une démonstration ?

La démonstration scientifique est expérimentale ou mathématique. Une expérience est une observation invoquée ou provoquée en vue de vérifier une hypothèse.

Une vérification expérimentale est un objet de perception sensible, et puisque les objets de la connaissance théologique appartiennent, par définition, à l'ordre du transphysique, ils échappent à la perception sensible. Si on prend le mot « expérience » au sens proprement scientifique, il ne 85 peut donc pas y avoir d'expérience métaphysique. | Toutes les spéculations touchant l'expérience métaphysique ou l'expérience religieuse, concernent en fin de compte des expériences psychologiques personnelles et intransmissibles. Rien dans cette expérience n'est une *expérience* au sens scientifique du mot. On appelle « physiques » des preuves de l'existence de Dieu qui, comme celles de saint Thomas, se fondent sur des objets de la connaissance sensible. La raison de cette préférence est que dans sa noétique, comme dans celle d'Aristote, toute connaissance a son origine dans la perception sensible, mais aucune preuve de l'existence de Dieu, thomiste ou non, ne conclut sur une perception sensible de l'être divin. Seuls les mystiques assurent avoir une expérience du divin, mais l'expérience mystique se situe au-delà des sens.

Même à part Descartes, Malebranche et Leibniz, de bons esprits ont tenté de faire de l'existence de Dieu une conclusion mathématiquement démontrée. Mais c'est en vain qu'on s'y efforce, car si nous avions une démonstration mathématique de l'existence de Dieu, nous n'en chercherions pas d'autre. Les mathématiques sont un langage parfaitement formalisé. Elles le sont justement parce que leurs objets ne sont pas des choses, mais des signes créés par le mathématicien. En un sens, comme le Dieu d'Aristote, l'esprit du mathématicien est une pensée qui se pense elle-même. Comme l'a dit un mathématicien contemporain, « la mathématique est de nature radicalement non-ontologique ». Et encore : « les mathématiques mettent l'ontologie entre parenthèses ; le discours mathématique est comme un filet dont la maille, si fine soit-elle, laissera toujours passer le liquide métaphysique ». À quoi cet esprit pénétrant ajoute cette remarque de grande portée : | « La conscience de ce fait explique peut-être **86** pourquoi les grands philosophes ne veulent plus devenir mathématiciens »[1].

Physique, mathématiques, à présent, logique. Beaucoup de ce que l'on a pris pour de la métaphysique au Moyen Âge, était en fait de la logique. Mais un véritable raisonnement logique est exactement aussi non-ontologique qu'un raisonnement mathématique. « Le logicien considère le mode de prédication de la chose », dit saint Thomas, « mais non son existence ». Assurément tout raisonnement doit être logiquement correct pour être valide, mais sa force démonstrative ne tient pas à sa validité logique. « Dieu ou l'absurdité », disait un théologien thomiste hautement respecté. J'aimerais pouvoir penser qu'il en est ainsi, mais quand le raisonnement porte sur des notions telles que celles de cause efficiente ou d'être, la substance métaphysique ne fuit que trop facilement à travers les mailles du discours logique. Si nous n'avions d'autre choix qu'entre Dieu ou l'absurdité, nous aurions moins d'athées que nous n'en avons.

---

1. A. Lichnerowicz, « L'Activité mathématique et son rôle dans notre conception du monde », dans *Bulletin de la Société française de philosophie*, 59 (1965) 4, p. 188 et 192.

LA DÉMONSTRATION MÉTAPHYSIQUE

Physique, mathématiques, logique, reste la vérité métaphysique. En effet, le seul genre de démonstration que la théologie puisse espérer sont les démonstrations métaphysiques. On a fait dire à Cajetan que « sans analogie la métaphysique est impossible et, *a fortiori* la théologie est impossible sans la métaphysique ». Le passage qui se rapproche le plus de cette phrase, dans ce que j'ai lu de Cajetan, est la deuxième phrase de son opuscule *De analogia nominum* : « la connaissance de l'analogie est si nécessaire que, sans elle, nul ne peut apprendre la métaphysique et que beaucoup d'erreurs en résultent dans les autres sciences ». Je me permets de ne pas être d'accord avec la première partie de cette proposition : il est possible d'être métaphysicien sans admettre l'analogicité de l'être. Scot l'a toujours rejetée précisément pour garantir la possibilité de la métaphysique. Mais je suis d'accord avec la deuxième partie de la phrase, et c'est même pourquoi je ne saurais être scotiste. L'être peut être soit univoque, soit analogique, non les deux à la fois. En tout cas, ni Thomas, ni Scot, ni même Cajetan en cet endroit, n'ont soutenu que la théologie est impossible sans métaphysique. Thomas n'a particulièrement pas dit que sa théologie était la seule possible. Chaque théologien médiéval était entouré d'autres théologiens dont la théologie différait de la sienne. D'ailleurs les servantes introduisaient un élément de diversité, car toutes, et non la seule métaphysique, étaient invitées à collaborer. Or les arts libéraux, auxquels Thomas pensait alors, étaient ce que nous nommons aujourd'hui les sciences positives, et la science a toujours été l'élément le moins stable dans les synthèses philosophiques. C'est pourquoi, en tous les temps, les théologies qui se présentent sous forme de science doivent finalement en appeler à la métaphysique, | qui est la Reine des Sciences parce qu'elle **88** est la connaissance des principes de la connaissance même. Toute théologie spéculative dépend donc, en sa vérité, de celle de son interprétation des premiers principes métaphysiques. Que les théologies spéculatives doivent être libres n'implique pas qu'elles soient équivalentes, et nous sommes même ici aux prises avec un fait troublant, mais inévitable.

Les conclusions métaphysiques sont nécessaires, mais seulement pour des esprits ouverts au genre d'évidence propre aux notions métaphysiques. Est-il juste de vouloir que la servante convainque de la validité de certaines conclusions métaphysiques des esprits qui ne sont pas doués pour ce genre de spéculation ? Enfin comment peut-on vouloir que la métaphysique obtienne l'accord de tous les esprits sur le sens de principes dont la nature même veut que leur vérité commune soit perçue différemment parce qu'elle se montre différente à différents degrés de profondeur ? Beaucoup d'entre nous savent d'expérience ce que c'est qu'enseigner la métaphysique. Aux prises avec des notions que lui-même a peine à saisir et à tenir immobiles sous le regard de son intellect, le professeur s'adresse à des concepts logiques et s'engage dans une sorte de jonglerie abstraite avec des termes vides de substance, qui naturellement ne convainc personne. Comme ils ne comprennent pas le sens réel des mots, ceux qui entendent de telles preuves pensent naturellement qu'elles ne sont pas concluantes. Que peut faire la servante avec des gens qui, habitués dès leur jeune âge à prendre des raisonnements logiques pour des pensées métaphysiques, sont devenus

inaptes à penser selon l'esprit de la philosophie première ?
89 Les esprits exclusivement consacrés | à la poursuite de la
connaissance scientifique peuvent en effet trouver difficile
d'aller au-delà du point que le pape Paul VI les exhorte à
dépasser. Dans la Préface de son *Ontologia,* Christian
Wolff a parlé avant Kant du temps où, après le triomphe de
la philosophie cartésienne, la métaphysique est devenue
pour tous un objet de ridicule et de mépris. Dans le même
ouvrage, au n° 321, Wolff parle de Descartes comme de
quelqu'un que saisit un jour le dégoût de la métaphysique ;
*Quodsi Cartesius non fastidio philosophiae primae
correptus fuisset*[1]. Dans un esprit semblable, le philosophe
français Jules Lagneau a fait observer qu'« il n'y a pas de
métaphysique chez Spinoza ; son système est un minimum
de métaphysique comme le judaïsme est un minimum de
théologie »[2]. Est-il juste de demander à la servante de démontrer l'existence de Dieu à des esprits qui, plus étrangers
encore à la pensée métaphysique que ne l'étaient Descartes
et Spinoza, sont devenus aveugles à ses notions premières,
et, comme Kant, totalement incapables de les voir ?

Le même degré d'abstraction de ses objets explique
également l'apparent désordre qui règne dans le domaine métaphysique. Les preuves de l'existence de Dieu
ne manquent pas ; on dirait plutôt, comme le suggère l'ironie de Gide, qu'il vaudrait mieux n'en avoir qu'une,
pourvu qu'elle fût bonne. Mais elles le sont toutes. Leur

---

1. Chr. Wolff, *Philosophia prima sive Ontologia,* p. 253. La seconde
édition (Leipzig, 1736) a été récemment réimprimée par Georges Olms,
Hildesheim, 1962.

2. *Écrits* de Jules Lagneau réunis par les soins de ses disciples, Paris, Union
pour la vérité, 1924, p. 240.

| multiplicité est inévitable, car en tant qu'elles sont **90** métaphysiques, toutes reposent finalement sur la consi- dération de l'être, dont la notion est analogique. Avant même de descendre dans les catégories, l'être métaphy- sique lui-même se diffracte dans les transcendantaux, dont chacun est encore lui, mais avec l'addition d'un *quatenus*, cet adverbe mystérieux sans lequel, comme sans l'analogie, la métaphysique serait impossible. C'est à quoi tient la naissance d'une pluralité de métaphysiques différentes comme celles de l'Un, du Vrai, de l'Ordre, de l'Amour et du Beau. Déjà avec Platon, puis avec Plotin, l'Un a été pour les vrais métaphysiciens une voie d'approche favorite de l'être[1]. Parce qu'elle pénètre plus profondément dans la réalité de l'être, la métaphysique de saint Thomas d'Aquin est la meilleure de toutes, mais loin de les détruire, elle justifie en fin de compte toutes les autres voies d'approche vers le problème de Dieu. Souvent dénoncé, et regretté, le pluralisme théologique est moins réel qu'il ne semble l'être. Du moins est-il plus superficiel que l'amertume des controverses entres écoles théologiques rivales ne le ferait croire. Bien que formellement différentes, les preuves d'Augustin, de Boèce, d'Anselme, de Bonaventure et de Scot sont moins opposées que complémentaires, parce que la racine de leur diversité réside dans la possibilité de plusieurs approches transcendantales diverses à la notion métaphysique de l'être[2]. La | métaphysique thomiste est **91**

1. Cf. *Being and some Philosophers,* Chap. 1, On Being and the One.

2. Ceci serait mieux établi par une analyse de l'*Itinéraire de l'âme à Dieu* de saint Bonaventure, dans lequel les deux noms de Dieu, le bien et l'être, sont attribués successivement à Platon et à Aristote, à la Sagesse et la Science puis, à la fin, à Moïse et à Jean. Je demeure d'avis que Thomas avait raison en

absolument vraie, parce que sa notion de l'être permet seule
de justifier toutes les autres en ce qu'elles ont de légitime,
alors qu'aucune des autres, prise à part, ne suffit à la
justifier.

LE SORT DE LA PLUS NOBLE DES « SERVANTES »

Concluons. Même en négligeant ceux qui souffrent
d'une sorte de cécité métaphysique congénitale et dont
l'antimétaphysisme est incurable[1], et même en tenant

subordonnant le bien à l'être, mais la méditation de Bonaventure est un exemple
frappant du pluralisme virtuel inhérent à la métaphysique de l'être. Note de
l'éditeur: aucun manuscrit ne permet de réviser la première phrase.

1. À ce niveau, il est possible de souscrire aux remarques que faisaient
récemment un auteur assez bien disposé à l'égard du thomisme: « Je ne parviens
pas à voir pourquoi des systèmes comme le nominalisme, l'idéalisme kantien et
hégélien, et même le positivisme ne pourraient pas, en dépit du danger de
déviation qu'ils présentent, contribuer à une certaine intelligence de la foi »
(J.-M. Paupert, *Peut-on être chrétien aujourd'hui?* Paris, Grasset, 1966,
p. 190). J'irais jusqu'à dire que l'on ne devrait pas troubler la paix de l'esprit de
ceux qui sont satisfaits de ces doctrines, si cela contribue à leur foi et s'il n'y a
pas de philosophie meilleure qui leur soit intelligible. J'ai connu un prêtre pour
qui la vérité philosophique était le système d'Octave Hamelin ; deux autres pour
qui l'occamisme donnait pleine satisfaction, y compris l'opposition d'Ockham
au pouvoir temporel des papes. L'abbé Bautain se plut à penser que, selon Kant,
il n'y a pas de démonstration de l'existence de Dieu ; plus près de nous, Auguste
Valensin, s.j., à ce qu'il me semble, avait une opinion analogue: « La morale
exige Dieu comme elle demande mon immortalité personnelle » ; rien de plus
solide que cette affirmation, ainsi « je croirai en Dieu aussi longtemps que je
croirai au caractère absolu du bien et du mal. L'on ne progresse pas dans la
compréhension de la preuve morale au moyen d'un processus dialectique et
d'un exercice de compréhension, mais en gardant la foi par devoir ; ici la vue est
solidaire de la vie ». (A. Valensin, *Textes et documents inédits,* Paris, Aubier,

| compte du pullulement des écoles modernes, il n'est 92
pas certain que la proportion des métaphysiciens compé-
tents doive croître dans une mesure perceptible[1]. Même la

éd. Montaigne, 1961, p. 217). Malheureusement, comme tous ceux qui
partagent cette disposition d'esprit (depuis le temps de Martin Luther) Valensin
est désireux de ne pas comprendre en vue de pouvoir croire. Il est porté à estimer
que la foi est à l'inverse de la compréhension : « S'il y avait une démonstration
capable de convaincre les incroyants, l'on pourrait enseigner la foi comme on
enseigne les sciences ; ce serait inconvenant » (p. 389). Je ne m'intéresse pas
présentement à la mauvaise façon, presque obtuse, de poser le problème. Mon
point de vue présent est le suivant : tandis qu'un thomiste consent à laisser
chacun aller vers Dieu le mieux qu'il peut, ceux-là ne veulent pas nous laisser
aller vers Dieu selon la voie que recommande Thomas et que l'Église préfère.
Leur intolérance antithomiste est enracinée dans un anti-intellectualisme
radical qui, parfaitement conforme au salut personnel, ne convient pas à la paix
de la Sagesse. S'il n'y avait pas toute l'importance des conséquences, l'on
pourrait découvrir plus d'un côté comique à cette situation.

1. Cf. *Thomas Aquinas and our Colleagues*, in A.C. Pegis, *A Gilson
reader*, Doubleday, New York, 1957, p. 279-197. Mon excuse pour me citer
moi-même est que ces pages, que je prenais et que je prends très au sérieux, ont
souvent été prises pour une espèce de plaisanterie paradoxale. En réalité, le
problème est presque tragique : quel bien, ou quel tort, a résulté, ou résulte
encore, de l'enseignement à des millions, de prétendues démonstrations que
ni les étudiants, ni, en certains cas, les professeurs ne sont vraiment capables de
comprendre ? Je crois que les « cinq voies » fournissent des ouvertures valables
pour tous les esprits doués au point de vue métaphysique et qui sont bien
entraînés, mais chacune d'elles est un plan proposé pour une méditation personnelle, dont chaque pas nécessite un effort distinct d'assimilation. La nécessité
d'un raisonnement en forme, même si elle est requise, n'est pas la substance de
la preuve. Parce que tant d'étudiants ne peuvent saisir leur signification, et en
sont conscients, ils se tournent vers n'importe quelle pseudo-théologie, même
le marxisme athée, avec laquelle ils entreprennent un « dialogue ». Mais le
marxisme est complètement résolu à ne rien concéder, parce que la plus petite
concession à n'importe quelle forme de théisme signifierait sa propre mort.
Assurément, il y a des approches rationnelles au problème de Dieu, mais elles

nature essentiellement désintéressée de la connaissance scientifique proprement dite étant aujourd'hui de moins **93** en | moins appréciée, il est possible que la spéculation métaphysique soit de plus en plus délaissée. La théologie de type scolastique suivrait alors le sort de la métaphysique. Elle s'effacerait pour faire place, à côté de la *Pop-Psy,* à une sorte de *Pop-The,* dont nous avons déjà de bons exemples. Le théologien et le métaphysicien doivent peut-être veiller à ne pas se laisser entraîner par le mouvement, ils ne sauraient se sentir totalement responsables des difficultés de la situation.

Dans son remarquable essai *Sur l'humanisme*[1], Martin Heidegger a multiplié les avertissements contre le péril. Depuis qu'elle a perdu son autonomie première comme discipline du connaître, au profit de celles de l'agir et du faire, la philosophie a senti le besoin de justifier son existence en présence des sciences ; la métaphysique elle-même est hantée par la peur de se trouver déconsidérée si elle ne se fait pas considérer comme une discipline scientifique. « Ne pas être une science est ressenti par la philosophie comme une tare. C'est là sa souillure originelle : ne pas être une science. » À quoi Heidegger ajoute : « En tant qu'élément de pensée, l'être risque de se perdre dans une interprétation technique de la pensée. La logique, comme sanction de

devraient être enseignées comme telles, mais non comme des preuves scientifiques. Il existe en vérité de telles démonstrations, et les premières de toutes sont les « cinq voies », mais elles sont valables pour les esprits métaphysiques seulement. Fournir une réponse pédagogique à la question échappe à la compétence du métaphysicien.

1. M. Heidegger, *Ueber den Humanismus,* texte allemand et traduction française par R. Munier, Paris, Aubier, 1957.

cette interprétation, était déjà à l'œuvre au temps des Sophistes et de Platon. Aujourd'hui nous jugeons la pensée d'après une règle de mesure qui ne convient pas à sa nature… » Et enfin : « Cette manière de juger la pensée est comme si on prétendait apprécier | la nature et les possi- **94** bilités des poissons d'après leur aptitude à vivre hors de l'eau. Depuis longtemps déjà, depuis beaucoup trop longtemps, on a mis la pensée à sec » [1].

Il ne dépend pas de nous de rendre la métaphysique accessible aux millions. De toute manière, ce ne serait là qu'un retour à la connaissance de l'être, non à celle de Dieu. La seule voie vers Dieu, hors la foi dans une révélation surnaturelle, part du fait que l'homme est un animal religieux. Sa raison produit naturellement la notion de la divinité. En dernière analyse, il y a quelque naïveté à objecter que la religion est un fait sociologique car même en concédant que la notion de Dieu nous vient de la société, d'où vient-elle à la société elle-même ? On a pris la vieille notion du consentement universel pour une preuve philosophique de l'existence de Dieu : ce n'en est pas une, mais c'est quelque chose de très important car ce produit spontané de l'entendement humain est le fait de base sur lequel toutes les preuves de l'existence de Dieu sont construites. Ce n'est pas une preuve, c'est ce qu'il y a à prouver. Rien n'a plus de force que la religion pour maintenir cette notion vivante au cœur de l'homme, ni que la théologie pour fortifier le désir de la comprendre [2] ; la métaphysique

1. *Ibid.*, p. 28-30.

2. À ceux parmi nous qui sont inclinés vers l'arrière par crainte de tomber dans le fidéisme, je demande la permission de citer Vatican I précisément à ce sujet : « Huic divinae revelationi tribuendum quidem est, ut ea, quae in rebus

95 seule peut aider | à la comprendre, mais la plus noble des
servantes ne pourra rendre aucun service si nous exigeons
d'abord d'elle qu'elle abdique son essence propre, qu'elle
se fasse science de la nature, et qu'elle travaille pour une
sagesse morte, échouée sur le sable de la logique, au lieu de
la Sagesse vivante qu'on l'invitait à servir.

divinis humanae rationi per se impervia non sunt, in praesenti quoque generis
humani condicione ab omnibus expedite, firma certitudine et nullo admixto
errore cognosci possint. » Denzinger-Schönmetzer, *Enchiridion symbolorum,*
Herder, 1965, 3005. La notion, aussi bien que sa justification par le dessein
divin d'ordonner l'homme à sa fin surnaturelle, sont empruntées par Vatican I à
Thomas d'Aquin, *Summa Theologiae,* I, 1, 1. *Contra Gentiles,* I, 4.

TABLE DES MATIÈRES